・內在療癒原力・

*13*個
自我療癒創傷的技巧

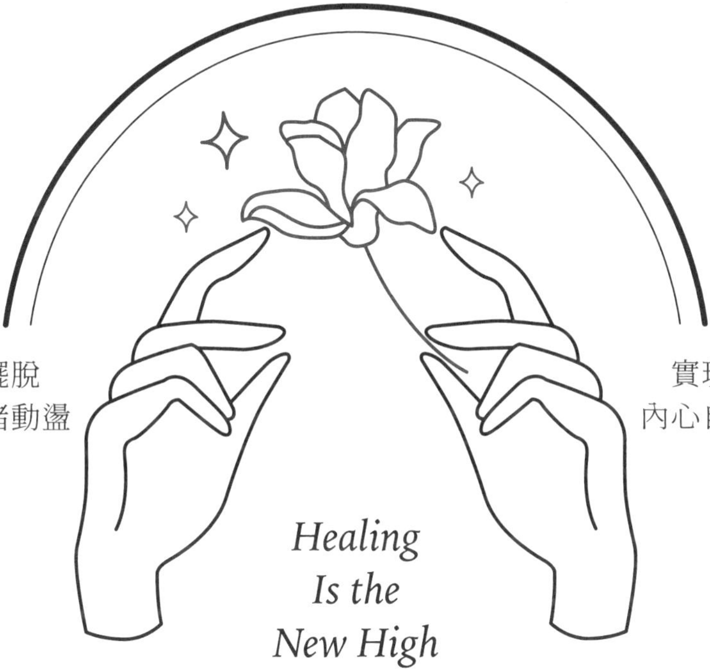

擺脫
情緒動盪

實現
內心自由

Healing
Is the
New High

A Guide to Overcoming Emotional Turmoil and Finding Freedom

維克斯・金(Vex King) —— 著　鍾莉方 —— 譯

用這本書來紀念我的奶奶塔拉。

在我寫這本書的過程中，

她永遠地離開了我的身邊。

目錄

Part • 1

多少個軀殼？

Part 2

從你最熟悉的身體開始

Part 3

你現在是什麼狀態？

Part • 6

你是誰？

Part • 7

點燃你的火焰！

Part • 8

你是自由的

推薦序

我們活在一個需要更多英雄、智慧以及愛的世界。

身處在千變萬化、顛覆以及新型的存在方式中，我們總是渴望有更多的光及引光者的出現，無論在美好或不幸的日子裡，都能帶領我們前進。

然而，你就是自己在尋找的引光者，這絕對毋庸置疑。

你擁有無比的力量、勇氣以及洞察力來創造出自己所嚮往的人生。你擁有足夠的潛力實現自己的願望，有絢麗的力量能夠美夢成真。

你擁有十足的心理韌性和靈性天賦，能夠伸出一隻手，讓這顆小星球成為更適合居住的地方。

還有，你也能夠成為一股激發他人潛力的真實力量，讓所有人在遇見你之後變得更美好。

當維克斯邀請我為他的著作寫下推薦序時，我是歡天喜地地說好。因為，他都懂。他懂真正的心靈導師就存在於自己體內。

所有人都是我們日常生活中真正的英雄。

為了讓這世界變得更美好，所有人都必須將藉口擺在一旁，著手去進行讓我們自己變得更美好、更堅強、更聰慧的練習。還有，讓我們用更多的愛關懷他人。

因此，我祈禱你能夠細細品嘗這本書。用開放的思維以及關懷萬物之心來讀書中的文字，帶著覺察慢慢去體會每一行的意思，並且擁抱接之而來的一切，讓它們觸碰到你內心的最深處。

當你讀完之後，你就能走回這世界，化蛹成蝶，脫胎換骨。

羅賓．夏馬

世界排名第一的暢銷書作者

《和尚賣了法拉利》和《凌晨5點俱樂部》

為什麼會有這本書？

這本書拖了很久，久到我以為會沒有完成的那一天。我將它寫完是因為我的人生並非一帆風順，而我知道你的人生也很不容易。我要在這分享自己一路以來所使用及發展出來的內在療癒技巧，讓我能夠放下過往的種種，療癒自己的情感傷痛以及創傷。我也用這個技巧幫助了許多人繼續在這條療癒之路勇往直前。

你不需要一位老師就能夠開始進行內在療癒，也不需要花大筆的錢來上課進修，更不用放棄自己的工作好挪出大量的時間來修練。只要你願意實踐書中所寫的練習，就能夠療癒困擾你許久的創傷以及情感傷痛。這很簡單、容易上手，更能夠帶給你巨大的效果，提高你的頻率振動（這個能量可以貫穿自己，並反射到自己周遭的世界）。

如果你恰好有讀過我的第一本書《沒有好條件，也能夢想成真》，你就會知道高層次的頻率振動能夠讓實相顯化，改變自己的人生。在這本書中，我將告訴你如何成為自己的療癒師，讓你能夠自我提升頻率振動。

不過，這並不代表療癒之旅將會一路暢行無阻，或者能輕鬆就看到立即的成效。內在療癒最大的阻礙就是我們的過往，我們總是牢牢抓著過去，一直以來阻擋著我們成就更美好的未來，且遲遲無法放手。因此，這本書的第一章就是著重在放下的能力。接著，我們會在看望未來之前，好好觀看當下。

內在療癒意味著放下過去的制約，為我們創造出一個嶄新的信仰系統，賦予自己力量。無論遇到什麼我們都能帶著自信，深信自己擁有強大的能力擁抱未知的未來。你會發現，你能夠帶著自信繼續往前走，並且堅信自己擁有足夠的韌性和力量。

創傷是來自於過往經驗的一種持久性情緒和心理痛苦。基於某種原因，我們的大腦無法正常地處理這種經歷，有時候大腦無法有效處理是因為這些經歷令人不安、震驚、焦慮、恐懼，甚至無法理解，或者這些經歷發生的時機點是在我們還很年輕的時候，大腦還未發育成熟，無法發揮最大的作用。然而，創傷有時也是悄然無息，這些經歷可能使我們困惑，感到羞愧、屈辱，它悄悄地成為一道刻骨銘心的情感傷口，深深地烙印在自己的內心，沒有人會察覺到它的存在。

創傷就是這麼一回事：所有人都遭遇過某種形式的痛苦，但從小到大沒有人告訴我們如何面對這些痛苦。導致我們經常透過合成或天然藥物、酒精變嗨，或吸食對食物、性、工作或社交媒體（僅舉幾例）上癮所產生的快感，讓我們感覺自己已經跨越這些掙扎。然而，這種感覺都很短暫，所以我們需要更多物質來維持快感，才能度過漫長的一天。更糟糕的是，興奮感一旦褪去之後，緊接而來的是更深沉、黑暗的低落感，反而讓人感到極度的絕望。

所以，我很努力想要擺脫這種虛假的快感，不讓它們緊抓著我不放，轉為尋求更真實、持久且不這麼動盪的快感：那就是真實不滅的內在療癒。它不會消失，更不會讓你感到空虛、迷失。它會慢慢鬆開你的內在，直到你能夠用嶄新、清晰的視野看向外在的一切。

這才是我所想要強調以及與我客戶分享的快感，而且我相信現在就是關注這個快感的最佳時機點，因為我們正在經歷人類意識的轉變，越來越多人都開始願意去改變我們與自己、與他人以及與周圍世界互動的方式。

你，如同所有其他也在閱讀此書的人一樣，事實上都在用積極的行為，去擁抱這改變。你是這超絕轉變的一部分：你正朝著更美好、更有愛的生活前進。

我並非是醫生或者心理醫師，這本書也無法取代醫囑或者提供其他協助服務的專

內在療癒是放下過往的制約，為我們創造出一個嶄新的信仰系統，賦予自己力量。無論遇到什麼，我們都能帶著自信，深信自己擁有強大的能力擁抱未知的未來。

業治療師。我是吸取自己過往的經驗及錯誤，從中成長，並且創造充滿愛、快樂與希望的人生。身為思維教練，我在線上及線下協助過數百名學員，包含名人及商界人士，還有那些過於絕望，認為快樂與成功不可能降臨在自己身上的人，幫助他們採用嶄新強大的思維模式，帶給這些人正向、美好的改變，徹底轉化每個人的人生。

這本書旨在提供你所需要的工具。如果你正巧在接受專業諮商，或者有考慮這麼做，這本書將會是你療癒過程中另一股支持的力量。

內在療癒是創造更美好世界的一種方式，因此為了自身的利益，為了他人的福祉，我們會需要做點投資。有句話這麼說：「受傷的人會去傷害他人」。反之，我深信療癒的人則會去協助他人，而我很榮幸來幫助你走向療癒之路。

請在社群媒體上貼出一則你最喜愛且與這本書相關的圖像、頁面、金句以及經驗，並且使用Hashtag標籤#HealingIsTheNewHigh，好讓我看見你的貼文並且能夠在我的頁面分享。

引言

我們吵了一架。其實我也忘記我們究竟在吵什麼，就只是吵得很兇。當晚我有個奇妙的感覺，很不安，感覺有件大事會發生。這感覺應該源自於我們剛剛的吵架或者長久的偏執焦慮。我知道她正在前往一個酒吧，而且她總是可以受到其他人的關注。重點是，她沒有傳任何訊息給我。她總是會傳訊息跟我道晚安，即便是在我們爭執過後。然而，當晚什麼都沒有。我真的是千頭萬緒，矛盾的思緒不斷地在腦海中互相咆哮。那晚，我真的睡不著。

或許是我想太多了。

還是她發生了什麼事情。

我覺得我應該傳個訊息給她。不，等等，明明是她的錯，我又沒做錯什麼。或者她早就不在意這件事情，有其他人在她身邊。

不可能，她不會這樣。這是欺騙的行為，我知道她不會。我可以相信她，因為她是全心全意地愛著我。畢竟，當時是她先追求我，我都還沒注意到她。

最後，我鼓起勇氣，傳了一封晚安的訊息給她。

她在隔天早上回覆我，掏心掏肺地說她多麼愛我，也希望可以修補我們之間的關係。看來，她的生活不能沒有我。

我相信這個想法，我真的相信。

但是，我朋友傳了一封訊息給我，而我收到的那一瞬間，我開始感到焦慮，即便我都還沒點開這訊息。我有個不祥的預感。沒錯。他告訴我，我女友昨晚睡在他表哥家。

我既憤怒又失落，甚至還懷疑。難道他在挑撥離間嗎？這個朋友原本就不太看好我們，他確實有他的理由，不過，他也沒有必要騙我，畢竟他只是在指控自己的表哥與我女友過夜。況且，這位朋友在我認識女友之前就出現了，在我信任女友之前我就已經信任他了。

說實話，沒有相信他真讓我感到慚愧，畢竟他原本就與我女友有些不愉快，而我還是不顧我們之間的兄弟情誼與她交往。這段戀愛一開始就招惹了一些是非，根本不應該繼續下去。

最終，我還是和她對質。她有點嚇到，也否認一切。她說我朋友是出於忌妒才來挑撥我們的感情，這讓我感到很慚愧，因為我選擇相信我朋友而不是她。她看似誠懇又很無助，說自己感到很受傷。當時的我滿滿的罪惡感，因為她真的很有說服力。

而問題就在這裡。每當我們有爭執時，同樣的戲碼便會不斷上演，故事也都大同小異。她背著我偷吃了好幾次，而我每次都會原諒她，讓她回到我身邊。接著，她就會用情感操控我，說她犯錯是因為我有問題。

面對這樣循環的模式也讓我變得很尷尬。我曾經被稱為「在女生圈子無往不利的男孩」，當然並非是因為長相關係，而是我善良以及討人喜歡的個性頗受朋友們歡迎。然而現在，大家則都稱呼我為「被女友帶著閃亮亮綠帽的男孩」。

我的好友們都警告過我，甚至連陌生人都曾出言相勸。大家好說歹說，最後也直接開導我利用她的優勢就好，也就是肉體上的關係。然而，我身陷其中，無法想像一段沒有未來的關係，也不願傷害她。我真心從她身上看見過一道別人都無法看見的光。

別人為我貼上「馬子狗」的標籤，說我被愛情沖昏了頭，因此我也假裝是因為性來利用我女友。然而，這一切都是謊言，我其實感覺很需要她，即便與她在一起讓我遍體鱗傷，這傷痛並非只有情緒層面，因為我時不時還會為了她與其他男人大打出手。這些人會在我面前調戲我女友，嘲弄我配不上她，不然她怎麼會不斷地四處招蜂引蝶。

我其實也知道這些人都是花花公子、渣男，並且把我玩弄於股掌之中，而我總是會失去理智。那時的我是無可救藥的愚蠢浪漫主義者，深信於我想像中塑造出的其他人，這完全是一個錯覺，然而我還是相信我與她之間絕對有著不同凡響的連結。

時間就這樣過去，更多證據浮出水面，我知道自己快失去控制。我不能再這樣下去，該從這段關係中跳脫出來，不要再相信她所說的任何一句話，不要再接受她的情感操控。

我決定勇敢地面對，並且要求她對我坦誠她的所做所為，才能讓我們這段關係繼續走下去。但我內心深處知道，無論她說什麼都已經無以彌補，因為我已經決定要繼續向前邁進，不管這會讓我有多不舒服。她其實不知道我有這樣的打算。

她的回答讓我更看清了這一點，當從她口中聽見所有出軌的次數時，我甚至不會感到震驚，因為我一直都知道這是事實，只是不願意面對它而已，我單純只是需要從她口中確認這些事情。最痛苦的是她將所有的過錯都推卸成是我的責任。我並非聖人，也並不完美，但她卻將我形容成一名徹底的失敗者，讓我產生自我懷疑，即便我從頭到尾都忠於我們的關係，也都有好好善待她。唯一讓她有理由的時候，是我們因為我指控她外遇時所產生的爭執，就這幾次而已。

坦誠完後，我整晚都很努力不讓自己傳簡訊給她，其實我每次都會這樣天人交戰。我們在真正分手前也吵過幾次要分手，而我最後總是願意妥協，讓我們重啟對話，結束那場鬧劇。不過，我其實只是讓自己維持一個有她在身邊的例行日常，說話、求和也不過是回到我的舒適圈，就算吵架也沒有關係。

因此，我必須使用強大的意志力，阻止自己回覆她的訊息，她會說：

「如果你真的在乎我，就會回覆我。」

「如果你真的愛我，會想辦法解決這問題。」

「我很想你，為了跟你在一起我願意做任何事情。」

然而，這是我們的最後一根稻草。這種心痛真是痛心入骨，但我願意忍受蛻變的痛苦，好破除我對她的迷戀。我必須抵抗難以控制的衝動，並且展開我下一章節的旅程。

當時我也不知道，自己會在分手過後的幾個月體驗到創傷的悲傷反應，伴隨著無數的沉重想法、生理感受以及情緒波動。經歷如此巨大的分離後，腦袋會無法正常運轉去消化這件事情，這是正在發生中而且真實的。接下來，我會描述我所感受到的症狀以及症狀的演變：

拒絕　當時的我還是懷著一絲希望，認為這或許不是這段關係的盡頭。我曾經也問過我自己，是否該再做些努力好修補我們的關係。畢竟，如果是真愛，我不該這樣就放棄。

憎恨　「恨」是一個很強烈的字眼，我不太喜歡使用這個字，但是這確實能夠形容我當時對她的感受。她讓我受到極大的羞辱，把我當傻子般玩弄我的感情，並且破壞我與朋友的友誼。但是，我的怒火不只是對準著她，而是對準所有女性。我認為她們完全不可靠，而好男人總是得不到好報。

失望　我不斷地自我對話，問自己為什麼這段關係的發展不如預期呢？到底哪裡出錯了？她為什麼要這樣對我？她不是說她愛我嗎？

可能因為都得不到我的回覆，當她停止傳送訊息給我時，我甚至對自己說：

如果她真的愛我，為什麼會讓這段關係如此地結束？

自責　曾經有一段時間我還反過來責怪自己，如果我多關心她一些，她就不會將注意力轉向其他人，我真的這麼想。她的話語反覆出現在我腦海中，讓我自責不已。更糟的是，我還怪罪於是我的長相及外表讓我看起來不可靠。

禁愛　我告訴自己不能再去愛其他人，不會再給出任何承諾。我還說服自己應該更浪蕩一點，遊戲人間。當然，這不是我的本性，所以實際上並沒有完全發生，但我確實開始勾搭不同的女生。然而這麼做反而讓我對自己感到更加慚愧及失望。

破繭重生——從痛苦到療癒

結束這段關係後，我盡量與其他人保持距離，避免過度親密。當我感覺快要喜歡上某個女孩，或者當我感受到威脅時（就好像她會真的傷害我），我的防備心就會跳出來，讓我試圖傷害對方，完全不留任何餘地，直接撲滅火花。我有信任的問題，只是我不願意承認。如果對方有男性好友，我總是會往最壞的方向想，這帶給我的親密關係很多問題。

我不願好好對待我所遇到的女孩，即便是我能力可及的事情。儘管我相信所有的安排都是上天最好的安排，一切絕非偶然，但我還是對這些親密的伴侶們感到抱歉，將自己的痛苦及不安全感施加在她們身上。在這幾段關係中，我總是提分手的那一方，但我要為自己的舉動根本沒有愛、沒有同理心、沒有互相理解負起責任。

事實上，在那次分手後，我需要的是好好來一場完整的療癒。這段關係嚴重破壞了我對他人的信心，更是摧殘了我對自己的信心。這些在我眼中皆是缺陷，讓我永遠無法去愛其他人，也就是說我無法付出誠摯的愛。反之，我永遠都是接受愛的那一方，而每當我認為對方付出愛的方式不是我所預期的時候，我就會開始閃避。

我當時並不知道自己其實已經走在療癒的路上，打從我做出艱難的決定，結束這段讓我遍體鱗傷的感情起，每一分鐘、每一種痛苦情緒、每一次憤怒或懷疑都成為如今我的養分。現在的我才是我心之所向的存在。

這並非代表我已經做完所有的療癒課題，因為療癒永無止境，深層的自己還有更多我們必須辨別及療癒的傷痛。然而，當我在這療癒過程中拿回我的主動權時，我意識到自己原本可以更早踏上這段旅程。只是當時的我不懂得去理解，無法解讀我所經歷的清晰瞬間，更無法利用我的情緒來推動我向前。我只能卡在那個洞穴之中。

即便是在我與妻子關係的前期，我也是帶著過往的傷痛面對我們的關係。但幸運的是，她有能力和意願開拓出一個讓我能夠療癒的空間。而我則必須遵守我的承諾，堅持走在這條療癒的路上，同時也保留她的療癒空間，因為她也同樣致力於此。我們都沉浸在過往感情的傷痛之中。這確實也花了我們一點時間，但當我學會將小我放在一旁，並且迎接嶄新人生的所有可能性時，就不會再走回頭路了。

你的療癒之旅

這並非談論兩性關係的書籍。但在某種程度上或許也可以歸類於此，因為所有的關係，不只是感情上的，都會是每個人療癒之旅的重要元素。但是，我必須要先跟大家澄清，我與你們分享這段分手的故事，並非因為這是分手相關的書籍。這段分享是為了將我的另一面暴露在陽光底下，讓大家看見我曾經遭遇過的痛苦，並且從這泥濘般的醜陋面中浴火重生。

這段故事更是揭露出我在過去幾年感到最羞愧的面向：偏執、嫉妒、自負、缺乏安全感以及出於自願選擇相信謊言，只因為我無法坦然接受孤單一個人。當我們想要將光再次引進自己人生時，我們必須準備好將自己的黑暗面攤在太陽底下，這是很重要的一個環節。既然我會邀請你這麼做，這代表我也必須願意這麼做。

這本書的主旨是給予你們足夠的支持與動力，讓你也能夠為自己啟程，踏上屬於你自己的內在療癒之旅。我知道，有些人的旅程會比其他人更顛簸，或許你正在療癒上段感情的撕心之痛，也有可能是在療癒不同的傷痛，這都沒問題，歡迎你一起。如果你正處在無法開口訴說的創傷中掙扎，歡迎你一起來。或是你想再次掀開過往的情感傷疤，亦或對抗血淋淋的新傷口，我都歡迎你一起加入這趟旅程。你將能夠從你活生生的過往經驗得到許多洞見，發覺能夠讓你反思的不同機會，還能夠用新的方式去看待舊有的傷痛。接下來的每一頁並不會讓你能夠順風駛船，而且整趟旅程也不會一路美好，因為內在療癒最真實的感受就是會痛。

你必須面對你一直以來試圖想要躲開、逃避的經歷及感受，那些你想埋藏在心靈深處，不願看見的種種情緒。

你必須看見你對這世界、對自己、對其他人的看法，並且給自己一個機會，接受這些看法或許是有錯誤的可能性，了解事實的面貌並非如同自己所想的。

我很確定，創傷會扭曲以及加強任何負面的想法、感受、五官知覺等。創傷如同在遍體鱗傷的開放性傷口下進入海水中。如果這個人狀態良好，也有好好療癒自己的舊傷，基本上會體驗到一種積極、正面的感受，特別是海水既溫暖又旖旎迷人的狀況下，而且這個人本身也喜歡水。然而，當這個人還陷在創傷之中時，一旦身體觸碰到鹹鹹的海水，皮開肉綻的肌膚必然會感受到灼燒感。創傷讓我們變得臉皮薄、過於敏感，並且容易走向更多的痛苦，痛苦的原由包羅萬象，而我們的注意力只會放在這些痛感上，並且會不顧一切地想要避開它。

當你是透過創傷的濾鏡來看這世界時，你很容易錯過任何正向體驗的機會。療癒並非能夠直線性地勇往直前，而是在任何階段都會前進兩步，再退後一步。不過，療癒就如同將一顆小石子丟入靜止的水中激起陣陣漣漪，每個水紋都會成為安撫的力量，穿透我們的創傷。療癒的第一步就是做出「我願意」的承諾，給自己多點耐心，並且在需要的時候請求外在的支持，療癒將會在你無法察覺之下默默地發生。

無論你現在是抱持著懷疑的態度還是不安的心情，此時此刻的你在這裡，閱讀這些文字，就是跨出強大的內在療癒之旅的第一步，一切都會是最好的安排。有了這本書在手上，你的旅途將不再寂寞。每一章節都會有一、兩道練習，引導你體驗嶄新的自信、自由。每道練習都很容易上手，你將會把這些練習融入在自己的日常生活之中，讓療癒成為日常的一部分。

內在療癒不會侷限在晚上或週末才能進行，而是每一分、每一秒都會發生。當然，這一路上我會分享更多我自己的經驗，特別是對我特別有幫助的體驗，讓你時時刻刻都能感受到我的陪伴。

如果你的注意力已經開始慢慢渙散了，我希望你問問自己為什麼會這樣。是不是腦海中有個聲音在對你說：「我不適合——其他人都可以療癒，但我卻不行」？這

創傷讓我們變得臉皮薄、過於敏感，並且容易走向更多的痛苦，痛苦的原由包羅萬象，而我們的注意力只會放在這些痛感上，並且會不顧一切地想要避開它。

是你的痛苦在說話，而且這話是錯的。因為，療癒並非是專屬於「療癒者」或「靈性修練者」。所有人都是自己的療癒師，你就是你自己的療癒師。你擁有所有成長、轉變的工具，這些都在你的手上，而這本書將會引導你如何使用它們。

你將會發現如何帶著好奇心去探索每個體驗的邊邊角角，而不是恐懼、害怕。接著，請回答以下這些問題，讓你開始化解你自己建造起來，用來保護自己不會受傷的高牆，讓你能夠在生活中以新的方式更輕鬆地行走。

這些問題有：

- 我為什麼會有這樣的反應？
- 這些印象特別深刻的記憶，為什麼對我意義這麼重大？
- 為什麼我對世界的假設是基於那段記憶，而不是其他記憶？
- 我信任誰？我可以信任誰？
- 如果我告訴別人的話會發生什麼事情嗎？
- 假設我是自由之身，我會選擇過什麼樣的生活？

跟我一起啟程吧！歡迎你踏上這個旅程。或許很快你就能迎接自己踏上內心祥和、安穩的旅途，日日夜夜每一天皆如此。

Part 1

多少個軀殼？

處理每一層的自己，是內在療癒的關鍵。

在我們還未深入內在療癒的練習前，我想要花點時間，就一個小章節，來解釋這本書的架構，以及這本書如何在你的旅程中成為你的小幫手。每個章節排序並非隨機，因此你要知道，即便你認為練習過於困難、太有挑戰性，或是對你來說輕而易舉、輕鬆自在，這本書的每一頁之所以這麼安排都是有原因的。

過去的我並不是很認同或者很了解「療癒（Healing）」這個概念，更遑論是靈性觀念或者內在成長。當時我的注意力都被其他事情佔滿了，那就是：我要成為一個男人（嚴格來說，應該是活出我所認為的「男子氣概」），完成一些具體的目標，還有購買那些我認為會讓我人生更有價值、更美好的物質。所以，那些被「成長」這字澆熄動力，或者認為靈性修練不適合他們的人，我完全可以感同身受。

你也是嗎？如果是這樣，我現在就告訴你：當你在閱讀這本書時，沒有人會要求你拋開這些想法。我只會邀請你帶著開放的思維進入這本書，並且願意開始探索那些你從未納入腦海中的觀念、想法。我不會要你成為靈修者，或要相信魔法還是水晶，才能開始體驗轉化的美好以及迎接正向及自由。

不過，當我在規劃這本書的內容時，我真的很想將一些瑜伽哲學的觀念帶進來，因為對我而言，這些觀念讓我在旅途中受益無窮。很多人都是先開始練瑜伽，然後才慢慢去了解瑜伽背後的哲學理念，但我剛好相反，我是先接觸到瑜伽的哲學，我受到眾多瑜伽愛好者的啟發，他們將自己所感受到的療癒、成長以及生活品質改善，歸功於瑜伽的練習。

所以，有一天，我買了一本《巴坦加里瑜伽經（The Yoga Sutras of Patanjali）》。「經」（Sutra）這個字是從梵文粗略翻譯成英文的「思路（Thread）」，所以這本書是探索構成瑜伽整體練習的不同知識或者思路，也包含經文的英文翻譯，還有經文如何能夠引導瑜伽練習者走向真正的自己——走向開悟。

我現在也會練習一點瑜伽，不過我著重的部分還是在於冥想。這是一種能夠讓每個人透過五官的感受，全然沉浸於當下的練習，用安穩的態度，不帶任何批判看待每個想法、情緒以及身體感受。總而言之，這本《瑜伽經》已然成為我的聖杯。

我並不認為「開悟」是人生唯一的目標，不過我們就是自己所需的一切、能夠無欲無求、在人生未來的每一天過得怡然自得，這些聽起來都很棒。然而，我們來到這地球的任務並非是要拒絕這些日常的運作，更沒有要我們超越與他人連結的需求，拋下任何個人的慰藉或渴望，成為一名純潔完美的存在。

說實話，我很常質疑這樣的可能性，特別是這幾年來，許多號稱自己開悟了的大師都成為邪教領袖般的人物。如果一個人是出於自己的慾望，或者因為自己權力的影響而去傷害、虐待其他人，而這個權力又是因為其他人相信他開悟了而賦予他的……這樣應該不算是開悟吧？

我個人是有認識少數幾位，我認為稍微符合古籍中所描述的已開悟之人，不過這些人也都還是各有各的缺點。然而，《巴坦加里瑜伽經》讓我明白，我不需要相信這種特定的結果論，也能從中收穫良多。

這本書詳細記載了如何好好過我們的生活，而所採用的方式並非是武斷的教條。我發現，我最終獲得的是一種能夠感受自由的自信心，這是一種解脫的感覺。這並非傳統觀念的開悟，而是解放了那些阻礙我對未來的自信心、安全感，以及興奮感。

我從這本書以及裡頭的智慧汲取我所需要的部分，應用在我的日常生活中，這些對我而言都是適用的教導，並且能夠真正、確實地改善我的人生，而非飄渺、虛假或者過於做作的方法。我採納所有實用的經驗，並跳過我認為與我無關的部分。

書中有一段是這麼說，你的瑜伽空間應該要有「一扇小門，四方無窗；裡頭沒有孔洞、空隙、不平等、高台階和低坡度。牆上應該塗滿牛糞，這樣才不會生蟲。前方有塊空地、一口好井，以及圍牆圍繞著四周。[1]」

沒錯。對於二十一世紀居住於已發展國家的讀者們，有些敘述真是會讓人摸不著頭緒，這也沒關係——這不代表你無法從這些文字中萃取任何有價值的產物。這都是實話，而我也真的覺察到許多珍貴、深刻的見解。

1 Sri Swami Satchidananda, 2012.《巴坦加里瑜伽經》The Yoga Sutras of Patanjali. Integral Yoga Publications, p.110.

靈光一現

當我在讀《巴坦加里瑜伽經》時，變化悄悄地出現：我開始願意放下那些以往會讓我很受傷的事物。我開始願意接受自己不需要受到他人行為的影響。我發現我能夠選擇做回自己，更重要的是，我不需要因為他人的想法而成為我不想成為的自己。

我得到一種前所未有的穩定感，這感覺成為我持續茁壯的支柱，讓我安穩地繼續療癒自己、繼續放手，將所有過往不適用的信念及想法都拋開，讓我能夠活出真正的自己。

因此，當我開始要寫這本書時，我的內在經歷了一場天人交戰。儘管我很渴望納入一些瑜伽哲學的概念，但我同時也很清楚自己不想要牽涉到梵文或者過於飄渺虛無的東西，這樣會嚇跑我的讀者。因為，幾年前的我就對這些相關資訊感到反感，因此錯過了許多能夠改善我人生的機會，更無法學習與過去和現在的自己和解。

我不希望任何人，包括你，只因為這本書有過多的靈性術語，而有拒絕內在療癒的想法。除非你曾在生活中真實體驗過，不然這些瑜伽文本的概念對你來說都不具任何意義。然而，我很明白如果有任何方式能夠讓你開始去體驗，將觀念內化到自己的療癒過程中，這對你絕對會有極大的幫助，而不是只有我一個人滔滔不絕地發表意見。我知道這將為你的生命、你的福祉以及你的幸福帶來巨大幫助。

我決定告訴我的朋友愛斯菈，她是一位瑜伽老師以及思維教練的夥伴。我將我的困境攤開來：「我不想排除這些東西，你也很清楚它們真的很有用……我覺得如果我沒有想個辦法把這些概念寫入這本書的話，我會讓我的讀者們失望。但是我也不想嚇跑我的讀者們，我不希望又是另一本透過瑜伽來療癒的書，這樣只有練瑜伽的人才會拿起來看。」

「好。」愛斯菈這樣回答我，「所以你希望他們在沒有唱誦梵文以及繼續做自己的情況下，去體驗使用這些概念，並且有所感受？」

「沒錯。」

「這樣的話，這本書本身可不可以成為一種體驗呢？你真的需要從頭到尾講解這些原則概念嗎？實際練習瑜伽也並非是學術性的東西，你不會滿腦子都在想這些哲學概念——你只是在做，然後體驗這些動作所帶來的好處。你能不能讓這本書成為一種實際行動的方式呢？」就是如此。我需要讓這本書成為一種體驗，而非全然拿來閱讀的文字。這是一趟自己的旅程。真是當頭棒喝的一擊！這本書的結構必須成為這趟旅程的基礎。因此，我開始從書櫃以及任何角落的書中尋找各種蛛絲馬跡，在筆記本上寫滿了靈光一現的想法，以尋找將數個世紀的知識和哲學隱藏其中的完美療癒結構。

穿越自我的旅程

在《巴坦加里瑜伽經》中，我們學到一個人是由「五體」或五層所組成的概念，這是關於人體最基本的概念，但也不是唯一的一個。我是帶著「五體」這個概念在構思這本書，只是這個概念稍嫌不足。後來我發現，我需要更多層面來加深內在療癒。因此，我轉了個念，用別的方式來詮釋這五體，也就是某些瑜伽學派中使用的詮釋，包括昆達里尼派（Kundalini）：

那就是我們有七個身體。嗯……什麼？沒錯，請跟著我繼續看下去。就如我所說的，這本書並不會充斥著靈性術語，但基於前面所敘述的理由，偶爾還是會出現幾個相關的用語。現在你可以明白，每一頁都有各自的目的，即便是你想跳過的那幾頁。

不需用字面上的意思去理解，而是用一個迥然不同，更整體性的眼光去看待「自我」，因為在現代的世界中，我們都會用過於簡化的態度去看待全人這件事情。這也意味著，目前的我們還無法用妥當的方式去看待我們的複雜性以及各個層面，包含每一次影響我們經歷、感受和想法最精微的部分。

根據古老的文字及教導，所有人都擁有生理上的肉體以及幾個「精微」的身體。

準確來說，我所採取的詮釋是「七體[2]」。世界聞名的印度靈修大師奧修（Osho）可能是談論、應用七體概念最知名的人，他認為只有當我們平等地認可和關心每一個身體時，我們才能處於祥和、有創造力和完整的狀態[3]。

生理的肉體只是其中一種表現，也是最顯而易見的一體。然而，我們必須在七個身體都處於健康、被愛的狀態下，我們整個人才能夠容光煥發[4]。如果想要能夠在更高層次的頻率振動，感受到生命力，擁有豐沛的力量以及正能量，自我的七個身體或者說七個層面，都必須彼此處於和諧一致的狀態。

能量並非是想像出來的靈性概念，而是真實存在的實相。在《全球健康和醫學進展》期刊中，一份關於能量醫學的報告發現，能量治療（包含使用能量科技以及直接

2 Isaac, S. and Newhouse, F. (2001),《揭開七體的面紗》The Seven Bodies Unveiled. Bluestar Communications Corporation.

3 Osho (1996), 《尋找奇蹟：脈輪、昆達里尼和七體》In Search of the Miraculous: Chakras, Kundalini and the Seven Bodies. C.W. Daniel Co. Ltd.

4 Little, T. (2016), 《瑜伽中的能量精微體》Yoga of the Subtle Body: A Guide to the Physical and Energetic Anatomy of Yoga. Shambhala Publications Inc.

如果想要能夠在更高層次的頻率振動，感受到生命力，擁有豐沛的力量以及正能量，自我的七個身體或者說七個層面，都必須彼此處於和諧一致的狀態。

的人體觸碰治療）經常與生物化學技術相結合在一起。這種療法與尖端科學的結合，可以為醫療專業人士在治療身體、心理和情緒疾病[5]時帶來巨大的進步。

現代醫學之所以無法成功地治癒所有疾病的原因，包含心理疾病，就是因為現代醫學沒有將人視為一個整體的存在、整體的身體以及整體的自我。我們並非機器，無法用舒緩症狀的方式來消除所有創傷。我們必須潛入深處，直到精微能量所運行的層面。

不過，這本書的主軸也不是七體，而是一趟透過七體的體驗式旅程。七體並非用來當作是實證事實，而是一種強大的理解方式，是一個療癒過程的框架，將我們的所有層面都納入考量，讓我們能夠在其中自由地遊走，不會忽略掉我們時常疏於照顧的部分，也不會只停留在顯而易見的表層傷口。

5 Ross, C.L. (2019), 《能量醫學：現狀與未來展望》'Energy Medicine: Current Status and Future Perspectives': www.ncbi.nlm.nih.gov/pmc/articles/PMC6396053 [截取日期：2021/1/2]

七體

這本書其實就是一種冥想靜坐的過程，是一趟實踐型的旅程，讓我們能夠活在探索之中。現在，我將要簡單地描述這七個身體，這樣你才能夠在閱讀的過程中，了解自我每一個層面的運作方式。

然後呢？我們就可以開始行動了。

肉身體

這應該不需要太多的解釋，大家都知道自己生理的身體是指什麼，通常也是我們所熟悉，唯一用來感知這世界的身體。它是自我與世界之間的翻譯員，讓我們用來體驗、感知、感受以及表達。

乙太體

乙太體連結著我們的情緒，成長期據說是在七至十四歲，不過只要在往後的生命中持續與其有所連結，乙太體也是有可能改變。我們將所有的情緒經驗都儲存在乙太體中，然後形成我們對自己、對他人以及對這世界的感觀。

星光體

星光體與理性、智力和邏輯思維有關，是透過我們與這世界的互動所發展出來。因此，我們成長的過程以及環境都會影響到我們運用理性、邏輯、思維的力量。不過，就如其它的六體一樣，星光體有其發展的模式，但我們還是能夠改變我們的思維，創造出新的模式、習慣以及學習和改變的動力。

心智體

心智體更加超越了星光體。這一體並非掌管邏輯及理性，而是直覺以及更深層的思維力量。這並非是很深奧玄妙的力量，直覺是所有人都擁有的，因為每一個人都能夠有所感知、預知，以及察覺到大方向的微小訊號。心智體能夠創造出更主觀的世界，而主觀世界如同任何其它客觀經驗一般的重要（如果真的有所謂的客觀經驗的話）。它讓生命更加圓滿，也幫助每一個人活出真正的自己。

靈性體

這一體與連結有關。當我們在發展靈性體時，我們將敞開自己，與真正的高我建立起更深層的連結，也就是自我的核心體：一股長存於我們內心的穩定感以及祥和感。

宇宙體

大多數的人都曾經在未知的狀況下體驗到宇宙體，在這層面我們超越了自我，感受到我們與所有事物的連結。你可能會有如此感受：坐在大自然中，然後感覺整個世界在你腳底下旋轉，讓你感到自己不過是某個更廣大存在中的其中一個微小存在；你也可能在火車上從一位陌生人身上，毫無理由地感受到愛的存在（或者，只是一般的溫暖及親切感）；當你仰望星空，感嘆自己多麼渺小——但卻又如此自由、美好。

涅槃體

我們在這一體上感受到終極的自由，是真實的解脫。這世界上不會有任何事情讓你感到失落、失望，或者讓你無法成為真正的自己。當你能夠接近涅槃體，並且妥善運用它時，你將在任何時刻都能感到輕鬆自在，無論周圍有什麼樣的狀況。這自由感來去自如，讓你知道任何時刻永遠都有可能感受到自由。

創傷並非存在於真空，而是會影響整整七個身體。由於每一體都會牽涉到我們的感受、行動、呼吸、行為及生活，如果只有療癒其中一體，並無法療癒到整體的內在。因此，我們必須整頓這七個身體，允許它們之間建立起新的連結。

你猜到了嗎？後面我們將會一個一個去探討，深入自我的內在，慢慢地去療癒每個層面。

現在……你先忘掉我所告訴你的一切（就假裝試著忘掉）。

你不需要將七個身體的概念放在心上，只要相信自己藉由閱讀這本書就已經啟程了。不需要糾結在那些身體，或者過度確認每個身體的特性，因為這本書會引導你輕鬆面對這七個身體。你只要將這概念當作是一種助力，幫助我們達到有目的的內在療癒。自我的每一個身體、每一個層面不需要成為現實的實體，我們只是單純地將它們當作是一個框架，盡可能地幫助我們去探索自我。

內在療癒究竟會有什麼作用？

當我說內在療癒時，很多人都會問我到底內在療癒實際會是什麼狀況？這是一個很難確切回答的問題，我並不想告訴你該有什麼樣的感受，或者你該期待什麼樣的結果，因為療癒沒有所謂的「應該」。每個人的感受不同，需要的東西也會不一樣。當大家潛入內在深處時，都會經歷到個體差異的變化和成長途徑。

我相信這看起來像是一種撇清責任的聲明。不過，你確實可以在這一路上期待一些共同的效果。閱讀這本書時，你要意識到這段旅程對你而言將會是獨一無二的。即便你無法體驗到以下的感受，或者你所經歷的是截然不同的體驗，這也不代表你使用的方法錯誤（也不代表你有任何問題）。

你會發現自己：

- 感受到情緒穩定。即便遇到會觸發你情緒的事物，也能掌控自己的反應和應對（亦或原本會觸發你的事物都完全消失不見）。
- 體驗到深層的自我認同感。
- 處於一個和諧的狀態。內在的祥和感並非一蹴而就，而是需要花點時間練習。不過當你在閱讀這本書時會進行這些練習。你一定會達成。

- 能夠回顧殘缺的過往，卻不會再次經歷痛徹心扉的感覺。每一次的回顧都會是如此。
- 戒除因創傷經驗或事件所引起的負面行為及習慣。
- 放下「限制性的信念」，也就是任何困住你與你的世界，限制你活出自己人生的無意識信念，然後創造出賦予你力量、正能量以及希望的嶄新信念。
- 面對你的內在小孩，療癒多年前所留下的傷痛。
- 打破世代傳承下來的創傷循環，讓這些事情不再傷害下一代的家庭成員或群體。
- 感受自由自在。

創傷並非存在於真空，而是會影響整整七個身體。由於每一體都會牽涉到我們的感受、行動、呼吸、行為及生活，如果只有療癒其中一體，並無法療癒到整體的內在。因此，我們必須整頓這七個身體。

如何使用這本書

你會需要一本筆記本以及一支筆，鉛筆也好，原子筆也可以，還有一顆願意成長及改變的心。這本書可以用以下這兩種方式使用：

1. 從頭到尾照著每個步驟前進，因為每個章節都是以上一章節為基礎發展，每一個練習也都是以前一個為基礎邁進，基本上串連起來就是整個旅程。當你接近結尾時，你將會發現自己的自我療癒之旅向前邁進了好幾大步。不過，每一個人的旅程都不同，有些人會多繞幾圈，也有些人會遇見大大小小的坑洞。

2. 當你走完一回時，你可以重讀你認為還在召喚你或你需要的章節，重複進行你認為對自己最有幫助的練習。反覆地練習。將每一次的練習都寫在筆記本上，這樣可以方便檢查自己的進展，看看自己究竟走了多遠。

將這本書放在你的書桌上、床頭櫃或者自己慣用的包包裡。每當被觸發到某種反應或者感到難以承受、不知所措，需要有人推你一把，讓你能夠穩住心情時，請回來打開這本書。當你找不到出口，無法看見前方的路徑時，請回來：閱讀、定下心來、呼吸。

沒有所謂的失敗。不管跌倒幾次，我們總是能夠再次爬起來。

現在，我們一起開始吧！

接下來的章節將會聚焦在每一個身體，以輕柔又有順序的方式建立起這些觀念。你將會潛入自己的內在，探索人生經歷中最纖細又難以捉摸的精微之處。

好好享受這趟旅程——這可能會改變你的一生。

Part 2

從你最熟悉的身體開始

肉身體承接著我們的傷痛，但也可能是釋放傷痛的關鍵。

我的旅程將會從七個身體中，我們最熟悉的一體開始。首先，請先問問自己：你與自己肉身體的關係如何？

我希望你認為有愛、珍惜以及正向的念頭，不過即便你對於自己的身體有些擔憂，你也絕對不會是世上唯一一個。事實上，如果你在這一生中有遇到任何的創傷打擊，這絕對會定居在身體的某個部位——身體會儲存起來，而當你在走路、奔跑、彎腰、呼吸或者平躺時都會勾起這段回憶，讓你身臨其境。

人生最艱辛的時刻分佈在不同的身體部位上。當我分手後所體會到的痛楚並非只有情感上的波濤洶湧。走在街道上，我總是會看到一些讓我想起自己前女友的事物——像是與她穿著相似的女性，或者在街頭爭吵的情侶。這些都像似有人在做評論，在我耳邊帶著某種陰謀對我竊竊私語，我的心則會撲通撲通地直跳。我感受到胸腔越來越緊繃，讓我無法呼吸，我感覺自己生病了。我的雙腿也如鐵鉛一般沉重，讓我無法行走。我似乎無法用協調的方式移動我的四肢。

強烈的生理反應後會伴隨著情緒上的波動，使我墜入絕望。到處都能讓我睹物傷懷，我該如何前進呢？我該如何在不崩潰、不恐慌、不絕望的情況下跨越這些障礙呢？

如果你所經歷的是生理上的創傷，你的身體反應會讓你更加衰弱。當我們承受傷害時，身體會堅持住，承接所有的痛苦。這感受並不會隨著經歷的結束而消失。我們有一天確實可以放下這些傷痛，不過這是之後的事情，在此之前我們需要更多意識、意願以及努力。

用肉身體的練習當作療癒之旅的開端

幾年前，我有位渴望建立積極生活和習慣的客戶，她的目的是要瘦身以及能夠多出去走走。她認為自己過著與世隔絕的生活，並對外出和社交產生了焦慮。她希望擁有多一點自信和快樂，讓她能夠享受與他人之間的相處。

我們決定將兩者結合在一起，所以她參加了有社交氛圍的健身課程。下課後，大夥兒都會一起小酌一下，並且在週末期間約好做其他的運動。這似乎就是一石二鳥的計畫，能給予她所需要的方法以及支持，讓她能夠在外頭時感到自在。

然而，幾個禮拜過去了，她開始對健身課程感到傷腦筋，雖然她偶爾也會抱怨自己下背以及大腿很痠痛，但問題點不在鍛鍊本身，而是在於鍛鍊後的小酌聚會，她總是在上課的前兩天就會開始煎熬。

於是，她打給我：「我無法停止思考這些事情。我沒辦法去。我不知道我該說什麼、該把手放在什麼位置。從健身房到酒吧的這段距離怎麼辦？我該跟誰搭話？如果沒人理我，我就會一個人走在大家的後頭，這樣看起來不是很愚蠢嗎？」

「妳為什麼認為這些事情都會發生呢？」我反問。

如果你所經歷的是生理上的創傷，你的身體反應會讓你更加衰弱。當我們承受傷害時，身體會堅持住，承接所有的痛苦。這感受並不會隨著經歷的結束而消失。我們有一天確實可以放下這些傷痛，不過這是之後的事情，在此之前我們需要更多意識、意願以及努力。

「為什麼不會？我認為這不是正確的方案。這沒有用，我一點信心都沒有。」

我頻頻安撫她，告訴她這只是初期的狀況，不過我內心還是有些擔憂。當我們的訓練計畫到了這階段時，客戶還感受不到可能性和希望的力量是很不尋常的，通常至少會有些許的感受到。我原本以為健身課程能夠讓她有個輕鬆的開頭，讓她在比較沒有壓力的情況下外出。但是，一切比我們預期的還要困難，讓我開始懷疑她是否還有所隱瞞。

因此，我再次詢問她：「妳認為自己是從什麼時候開始對社交感到焦慮？」

電話的另一頭陷入一片沉默。接著，她迴避了這個問題，自顧自地對我說：「他們會不會內心不想要我去酒吧，不過又基於禮貌，不好意思拒絕我？還是……他們很討厭我？」

「等等！我們先停下來，回到前面。」我問她：「這一群陌生人有什麼好討厭妳的？這是一個很奇妙的情緒。我認為他們應該對妳有點好奇，想跟妳聊個天，了解妳一點。這算是一個低調的社交聚會，就是一群人健身完後聚聚，應該不太會有任何社交角力存在。」

「大家一直以來都很討厭我。」

就是這個。出現了。她終於將多年以來深壓在心中的羞愧感說了出來，背負著這麼久的祕密，一直都不願讓其他人看見的事情。這是她的旅程之中一個很關鍵的時刻，因此我需要小心地選擇下一步，任何一個錯誤的用語都會被她詮釋為我在加深她被討厭的信念，導致我也無能為力，無法幫助她，最後只能放棄整個訓練計畫。

「好。」我回答她。「我尊重你的信念。我明白這絕對是有原因的，不過為了跨越這個時刻，幫助我們重拾你的自信心，我們必須討論一下這背後的原因。因為，我必須很誠心誠意地向你保證，這很可能不是真實的。別人並沒有一直都討厭妳，現在也絕對沒有人討厭妳，因為我不討厭妳。」

「謝謝……」她猶豫了一下，接著又繼續說下去：「我曾經有過一群在學校認識的好朋友，我們從青少年相處到二十幾歲。其中一位……反正我愛上了其中一位，而我覺得他也愛著我。接著，我們在二十五歲時結婚。我們當初大約十七歲的時候在一起，就這樣過了十年，我一直以為我們過得很開心、很快樂。」

她停頓了一下，不過我也沒多說什麼。現在是傾聽的時候，不需要過度逼迫她。

「有一天，我回到家後，有另一位朋友出現在我家。我們原本是八位好友，我跟她算蠻要好的。應該是說，我認為我跟她很要好。一開始我根本不知道是怎麼一回事，她就在我家客廳，穿著內衣褲，一手握著電視遙控器，另一手拿著飲料。然後我就想……其實我也不知道我當下在想什麼。接著，我老公從房間走了出來，他身上也只有一條內褲……然後，我就明白了。我忽然醒了過來。」

「他與妳的朋友外遇了。」我說。

「對。不過，重點是，大家都知道這件事。他們一直以來都保持著這樣的關係，從我們十八歲的時候開始。他們一直都這樣，我們整個交往期間、整個婚姻，八個人之中只有我不知道這件事情，其他人都心知肚明。所以，他們都恨我，一定是這樣，大家才會……這樣地隱瞞我。」

我聽見她決堤崩潰的聲音，我只好請她先好好休息一下，明天再碰面好制定下個計畫。

現在，我才明白她為什麼會在一群人之中這麼掙扎，還有害怕被一群人丟下的恐懼，怕被其他人批判、被偷偷排擠——這種覺得自己不夠好，無法與他人平起平坐的恐懼。她被原本以為安全、充滿愛的人推到懸崖邊，被狠狠地背叛。她當下真的認為自己毫無價值。

將這種感受內化是很正常的現象，沒有內化才奇怪吧！當你的伴侶背叛你時，你很難不將這個痛苦內化，然後怪罪在自己身上。尤其當一群朋友都參與其中，幫著伴侶欺騙你時……你要如何說服自己，他們所有人都在做壞事，沒有公平的對待你。

當我隔天與這位客戶碰面時，我們決定做個小變動。「我們現在就忘掉課後小酌這件事。」我說，「就專注在課程本身就好。」

她也如此照做，每週上兩堂課，持續了好幾個月。在這期間，她的腦海中完全無視到酒吧的念頭，單純地去健身、去練習，課後就跟大家說再見，轉頭就走。結果令我們大吃一驚，她的背及大腿都完全不痛了。

「其實根本不是健身後的痠痛。」她說，「這完全是害怕課後聚會的恐懼。當恐懼消失後，疼痛也跟著不見了。」

這是她個人療癒之旅中的轉捩點，雖然並非完全跳脫出創傷，卻也足以讓她感受到情緒與焦慮對於身體的實際影響。對我而言，這也是我教練生涯中轡重要的轉折，因為我在各種書籍、各種課程上都聽過，身體會儲存我們所經歷的創傷，但這次的體驗確實讓我真實感受到了這個道理，讓我印象很深刻。

這位客戶不只是用特定的身體部位承載著她的傷痛，當她開始願意面對身體時，只是單純她的身體而已，就能夠開始釋放情感傷痛以及身體上的痠痛。之後她繼續上課，然後當這些痠痛停止後，她開始想參加課後的聚會了，而且還發現自己不再害怕。所以，她是先處理生理上的痛，再來療癒心理的傷。

當然，我們也花了更多時間深入她的傷痛，直到她真正感受到自己強大的力量、自信，自己是絕對值得被愛、被尊重。不過，身體的鍛鍊是最初步的開端，讓療癒起了作用，也成為打開心防的那把鑰匙，引導她走向自我內在的療癒之路。

你與自己的身體有什麼樣的關係？

讓我們回到這個問題……

請不要誤會我：我明白這個問題不好回答。有些人對於自己身體的現況有概括的了解，有些人卻一輩子也不願意接受自己與身體的關係是很複雜的。我不知道你的狀況。不過，無論是我職業生涯，還是個人生活上，我沒有遇過任何一個人是完全無憂無慮的，每個人內心總是會有小牽掛，也沒有人能夠完全接受自己身體的原始樣貌、自己的感受、身體的運作。

因為，人生的經歷總是烙印在自己的身體內。有些很明顯，像是意外中所受的傷或者留下的疤痕，還有因為來自外在的批評或壓力，為了符合大眾的規矩而演變出來的行為。

比如說，我有位朋友走路總是用大外八的姿勢前進，看起來就不是很舒服。我曾經好奇地問過他這件事，他回答我說因為小時候他爺爺總是說他走路「內八」，因此要他修正走路的方式。即便他的膝關節和髖關節從那時起就飽受折磨，也無法改變這根深柢固的念頭：當他用內八的方式走路時，就代表他在某方面就是不夠好。

不過，也有一些比較不明顯的烙印，像是以某種坐姿時，會感到一陣刺痛；堅信自己的身體無法做到某件事；與某種壓力有關的消化系統問題；害怕他人用某種方式看待我們的身體外貌，或者害怕我們的身體被人看見。

所以，我知道這不是一個好回答的問題，我沒有期望你看到問題的當下就能馬上回答。反之，我希望你開始著手做這書中的練習，為你鋪好接下來你即將前往的道路。這是要你詢問自己整個身體，不是只有大腦而已，問問身體感覺如何，並且能夠及時地察覺任何不舒適感。

練習1：個人過往的身體掃描

身體掃描練習之所以出現在各種身體練習法中（包括瑜伽以及不同的靜坐冥想學派）是有其原因的。在過去十年左右的時間，我們不斷深入探索這方法背後的科學。令人訝異的是，身體掃描的實踐是有其好處，並非只是靈性的偽科學。

不同領域的專家，包括心理學家和神經科學家，發現這個練習在許多方面能夠產生強大的功效：從治療失眠[6]到緩解壓力、抑鬱、焦慮症甚至創傷症候群[7]。

身體掃描可以達到以下的效果：

- 進入完整的深度放鬆，能夠感受到身體的細微之處，覺察到不適且不害怕

6 Datta, K. etal. (2017),《睡眠瑜伽：管理慢性失眠的創新方案—案例報告》'Yoga Nidra: An innovative approach for management of chronic insomnia – A case report': https://sleep.biomedcentral.com/articles/10.1186/s41606-017 0009-4［擷取日期：2021/1/2］

7 Dhamodhini, K. and Sendhilkumar, M. (2018),《睡眠瑜伽練習對各種心理健康和總體健康問題的成果：文獻回顧》'Outcome of yoga nidra practice on various mental health problems and general wellbeing:a review study': www.ijcmph.com/index.php/ijcmph/article/view/3979［擷取日期：2021/1/2］

它。

- 幫助你覺察及區分單純生理的身體之痛（我自己認為不太常見）以及源自於情感不適或創傷的身體之痛。
- 讓自己的識別能力變得更敏銳，能夠覺察自己習性。久了之後，能更輕易準確地覺察身體哪個部位還存有過往的經歷。這意味著，你能夠辨別身體的哪些部位需要做釋放，宣洩這些感受，然後繼續沿著內在療癒之路前進。
- 親近自己的身體，感受自己的體溫、對身體的愛，而不是疏離感、不信任感。
- 成為你的療癒方法。融入你的身體與它同在，感受振動的根源，專注何處有正能量自由流動，而哪裡沒有，意識到阻塞的部位，這將幫助你與自己的身體同調，讓內在和諧盛開。

有意識的覺察是療癒的關鍵。你必須有意願去觀察自己的狀態，而且非常重要的是，必須制定一些方法，例如以下這個練習，讓你能夠回到當下，專注在自己此時此刻的感受。

我通常是閉著眼睛進行身體掃描，這樣才能斷絕我們與外在的紛擾，專注於內在

有意識的覺察是療癒的關鍵。你必須有意願去觀察自己的狀態，而且非常重要的是，必須制定一些方法讓你能夠回到當下，專注在自己此時此刻的感受。

的思維、內在的體驗。不過你還是可以選擇睜著或閉著眼睛進行。

我之如此這樣設計是因為我了解，如果你剛好正在處理某些形式或表現的創傷，閉上眼睛會讓你感到無比的脆弱（不是很好的那種），或者激起你某種恐懼或情緒困擾，這樣其實會比睜開眼睛練習更讓人分心。

如果有需要的話，睜開眼睛練習還能夠讓你瀏覽引導的文字。當你充分掌握訣竅之後，你可以試著閉上眼睛進行練習，觀察自己這樣是否覺得舒適。

從身體上映射出你的過往

請先找一個安靜、不會被人打擾的房間。你可以任意調整房間狀態，直到你認舒服、安全，能夠在房間內靜下心來。你也可以關上門，打開窗戶，讓空氣流通。如果感覺有點冷，可以打開暖氣或者披上一件毯子。

當你認為自己準備好後，先將引導的文字看完，再進行練習。不過，即便在進行的過程中，如果你認為有需要的話，還是可以重新閱讀。

1. 請平躺下來，張開雙腳，讓雙腳向外下垂。讓雙手往兩旁伸直，掌心朝向天花板。如果躺著的時候下半背感到不適，你可以放一顆枕頭在自己的膝蓋下方。你也可以彎曲膝蓋，讓腳底板踩在地面上，並且讓腳盡量靠近自己的大腿。抬高膝蓋會讓下半背部更貼近地板。

2. 在這練習中，如果你想閉上雙眼，現在就是闔上雙眼的時候了。如果你想張開眼睛進行練習，請讓目光變得柔和、變得模糊，不用特別聚焦。

3. 做最後的姿勢調整，讓你能夠感到輕鬆自在。如果哪裡會癢，你可以抓一下。如果哪裡讓你看不順眼，你可以先處理一下。如果你的臉被頭髮還是衣服蓋著讓你覺得很困擾，就移開它。接著，當你準備好時，先讓自己全身靜下來。

先從雙腳開始，慢慢地從下往上感受身體的各個部位。你不需要特別做什麼，不需要移動或做任何改變，只要單純地觀察。就是觀察而已。這就是身體掃描的練習。你必須用以下的順序掃描整個身體：

〜右腳腳趾

〜右腳腳底板

〜右腳腳跟

～右腳腳背

～整個右腳

～右腳踝

～右脛骨，然後小腿肚

～右腳膝蓋，前方，然後後方

～右大腿，前方，然後後方

～臀部右半部

～右髖部

意識整個右腿及右腳的狀態。

接著，去觀察……

～左腳腳趾

～左腳腳底板

～左腳腳跟

～左腳腳背

～整個左腳

～左腳踝

～左脛骨，然後小腿肚

～左腳膝蓋，前方，然後後方

～左大腿，前方，然後後方

～臀部左半部

～左髖部

意識整個左腿及左腳的狀態。

接著，去觀察……

～下腹部

～肚臍

～下肋骨

～上肋骨

～胸腔右側

～胸腔左側

～肩膀前方

～肩部
～肩膀後背
～右手手指
～右手掌
～右手腕和前臂
～右上臂
～左手手指
～左手掌
～左手腕和前臂
～左上臂
～上背部
～中背部
～下背部

將意識放在身體兩側——腰部的兩側。接著，用意識環繞整個軀幹，將你的意識完全放在自己的軀幹上。

現在，去觀察……

～喉嚨

～臉的下顎部和下巴

～嘴巴

～右臉頰

～右耳

～左臉頰

～左耳

～鼻子

～鼻樑

～右眼和眉毛

～左眼和眉毛

～額頭

允許自己的意識逐漸往上走，直到你的頭頂、後腦勺，再回到頸部。用意識巡視整個頭部以及脖子。

接著，重新觀察自己的身體，從腳趾頭到頭頂，完全意識整個全身。放鬆、安詳、平靜。一切都很輕鬆自在。

5. 帶著專注以及覺察力（可能甚至還有些喜悅?!）繼續平躺，將意識放在整個身體上，你會體驗到身體上的感受。你正在與自己的身體建立起連結，也正在承認你的每一部分和所有部分之間存有共生的關係。

接著，去感受自己的頻率振動——那股來自身體的能量流。體會整個氛圍。可能感覺像是一種熱源，或者一種內臟跳動的能量，或者還有其他更細微的感覺——這是你在沒有任何明顯物理感覺的情況下所感知到的體驗。這種放鬆的覺知狀態非常適合專注於你所處的位置，以及你的振動，是低落、是沉重、是緩慢，還是高昂、是充滿活力和自由流動。

允許自己的意識前往任何你感覺「不太對勁」的身體部位。每個人都會有不同的感受，可能是緊繃或者不舒服。不然，你也可以隨著內在的召喚、引領，讓意識順著這個流前進。你或許會注意到自己刻意避開某些部位或者快速地掃過，因為這裡會激起讓你感到不舒服的情緒或往事。

請專注在這些部位。然後，什麼也不用做——單純地觀察這裡。讓意識停留在這些地方。承認徘徊在此處的感受。接受這裡可能需要某種療癒。

最後，以手掌心向著身體的方向將雙手放在胸膛上。謝謝自己進行這場練習，然後對自己的身體做出以下承諾，可以大聲地朗誦出來，或者在內心默念：「**我會關注需要關注的地方。我會療癒需要療癒的部分**」。

好好地深呼吸，當你認為自己準備好了的時候，再輕輕地坐起。你不需要急著結束這練習，花點時間消化所有的感受，再回到你的日常生活中。完全不需要著急。

抗拒是關鍵

任何想要抗拒或避開的想法、情緒、感受或者經驗，都會暴露出你內心深處渴望被療癒的空間（當然，在合理範圍之內，會想閃躲客觀上的糟糕經驗是一件很正常且健康的反應）。剛剛的練習是一個很棒的起頭，讓你能夠去察覺自己的抗拒，好讓你能夠更深入地了解自己能夠在任何有意願的時間點，將療癒的能量放在任何位置。

換句話說，你不需要對自己強烈反感的事物感到害怕，反而是欣然接受，用好奇心取代恐懼，因為這是一個可以自我探索的線索。你可能會注意到，心態上的轉變會快速消除所有恐懼的能量。

先前在這章節提到的客戶就是一個例子，生理上的疼痛就是讓她療癒心理創傷的線索。這並非是偶然，她也不是單一案例。荷蘭精神科醫生貝塞爾・范德寇在他令人大開眼界的著作《心靈的傷，身體會記住》中大量且詳細探討了這個主題。他提到，只要經歷過任何一種創傷，無論自己多麼想假裝一切都沒有發生，繼續正常地過自己的人生，但「負責確保我們生存的大腦部位（就在我們理性大腦的深處）並不擅長否認。」

雖然我們會盡可能地避免面對自己的創傷，卻也不可能將創傷從自己的人生歷程中完全抹去。一旦我們想盡辦法這麼做，或者當作不存在，反而總是會被創傷反咬一口。相反地，我們必須與創傷一起合作，將它翻開來，用不同的角度去看待它。

即便創傷已經結束很久，在出現任何微小的危險訊號時，仍然可能會重新啟動大腦的反應，調動受干擾的大腦迴路，然後分泌大量的壓力荷爾蒙。這會滋長不愉快的情緒，引起沉重的生理感受，甚至會有攻擊行為的衝動[8]。

雖然我們會盡可能地避免面對自己的創傷，卻也不可能將創傷從自己的人生歷程中完全抹去。一旦我們想盡辦法這麼做，或者當作不存在，反而總是會被創傷反咬一口。相反地，我們必須與創傷一起合作，將它翻開來，用不同的角度去看待它。

慢慢地，隨著時間的推移，我們會經歷混亂且非直線型的過程（你會有好壞參半的日子，各種高低起伏，而且有時候我們會沒有特定理由而陷入很深、很深的負面情緒中），逐漸接受創傷是我們過往的一部分。接著，我們才會開始療癒。

2019年，我的療癒之旅已經順利地在進行中，而我也有一套用好奇心取代恐懼的方法，因此我做了一件我認為自己年輕時不可能做的事情。那天我記得一清二楚，因為對我而言是如此地偉大：3月31日，英國的母親節。

8 Van der Kolk, B. (2015). 《心靈的傷，身體會記住》The Body Keeps the Score: Mind, Brain and Body in the Transformation of Trauma. Penguin Books.

我在Instagram寫下了一篇貼文，公開了我在兒時與家人的紛爭中所導致的掙扎與創傷。這些創傷比先前提到分手的痛苦還要更劇烈，卻也造就了當時的我（當然還有現在的我）。我花了無數年的時間以及努力，讓我開始接受童年的自己，也就是自己的內在小孩，是值得為自己發聲，並且享有不受外在限制的自由。

在那篇貼文中，我分享父親過世後的生活，當時的我還很年幼。我也有提到我的母親，我人生中最強大的支柱，她不僅要帶著小孩適應一個新的國家，還要學習一種新的語言。我還有寫到母親的公婆，當時我們與他們住在同一個屋簷下，而他們會將自己的痛苦施壓在我們身上，甚至有時候會用很暴力的方式。最後，我還分享了我們所面臨的世界，害怕如何繼續生存，面對各種種族歧視的暴力、流離顛沛的生活，還有餓著肚子迷失在這個世界。

我們都曾經不被看好，背負著多年來所累積下來的悲傷與恐懼。每當我認為自己格格不入或者被拒絕，這些情緒上的沉重能量都會跑出來壓垮我。我能夠在我的腸道、我的心臟、我僵硬的關節以及我的全身上下感受到這些沉重感，讓我無法昂首挺胸，帶著自信踏出我所夢寐以求的那一步。

然而，當我貼出文章後，我也意識到自己從那些風風雨雨的時光中也獲得了另一些更強大的助力：我母親每天對我們展現出的堅強、信念和毅力。甚至我也藉由單純的活下來為自己展現出了這些力量——因為我承認我所經歷的一切，以及我願意放下的過往，這證明我自己也很強大，能夠不畏艱難地長大成人。即便生活動盪不安，我們的心卻始終堅定如山。

創傷並非只會帶來痛苦。如果你仔細觀察的話，會發現痛苦希望你相信某些謊言，而這謊言的背後還是有另一個真相。那就是你活了下來——你是一位勇敢挺過困難的生還者。

你可以開始用身體去接受人生早期所植入的情感傷痛，身體是一個隨時都能夠使用的工具，但是你必須學習如何使用它。以某些方式活動身體可以啟動內在療癒的過程，給自己一個機會去體驗你還未受傷前的狀態，並且感受過去曾經嶄新的身體，彷彿生命還未受到任何汙染，還是一張空白的白紙一般，完全對外敞開。不過，無論如何，直到現在你生命的可能性還是無限大。

著名的英國瑜伽老師約翰・斯特克多年來致力於人體動作及其背後原因的研究。當我看完他的著作《原始身體》後，我受到極大的啟發，隨意活動身體，就像是我們身體剛甦醒，從未進行動作過[9]。假設你是剛到這世界的人，你會如何去測試你的身體呢？你的肌肉會怎麼動？你的眼睛會望向哪裡？

我們選擇讓身體做動作，決定如何使用身體或如何改變，光是暫時中斷我們多年來習以為常的模式，就會對我們的感受產生巨大的影響力。因此，用新的方式活動身體能夠使你的頭腦也用新的方式去運作。

所以，我希望你現在能夠來試試看。

9 Stirk, J. (2015),《原始身體：瑜伽老師的原始動作》The Original Body: Primal Movement for Yoga Teachers. Handspring Publishing Ltd.

練習2：活動身體，轉換你的能量，為你的潛能創造空間

在這項練習中，你必須要在一個能夠很自在的空間。不需要很大，但你需要放空，也就是說不能有外界的干擾，讓你不用擔心隨時會有人走到門口詢問你在做什麼。因為你必須要感受無意識的放空，然後……基本上，就是有點怪異吧！

我們要假設自己的身體回到過去全新的狀態，然後去使用它。接著，我們會潛入自己的內在，連結所謂的「內在小孩」（inner child）以及進行「重新養育」（reparenting），創造出新的神經通路，並且在無意識層面把你過去緊抓不放的受限信念釋放出來。這項身體練習會是一個基礎練習，為我們建立新的視角來看待自己的身體。

而且，你知道嗎？這會帶給你很奇特的感受，可能會有些不舒服，或者內心彷彿在用力地掙扎。這些都沒關係。就是會有點奇特而已。不過，你不需要現在馬上相信我所說的一切，這就是一種運用自己身體的練習。即便你無法立即感受到任何明顯的作用，一切都會在運作，你所做的一切都是對的。

事實上，自我療癒真的會讓你覺得彷彿天崩地裂。當然，有時候會有幾分鐘、幾

天、幾週、甚至幾個月你會感到快樂的和諧感，以及明顯的療癒進展。然而，大部分的時間都會讓你感到噁心、討厭，有時候甚至會很痛，因為過程就是如此。請記得給自己的情感傷痛多一點耐心。

擴展及感受

當你決定好安靜、不會受到干擾的空間後，記得接下來的十到十五分鐘將完全是你自己的獨處時光，讓你可以沉浸於此。請在步驟8之前都讓眼睛閉著，這會有助於練習的效果。但是，如果閉上眼睛讓你不自在的話，你也可以試著讓目光放空，可能是望著地板或者其他不需要過於專注的中立點。

1. 坐在一個能夠靠牆的位置，將雙膝往胸部靠攏，雙腳平踏在地面上。雙臂以交叉的方式環抱住雙膝，雙手握拳。將頭輕輕地靠在雙膝上或雙膝附近。如果你覺得不舒服或者無法做這個動作，可以試著在雙膝上放個小枕頭，好讓頭能夠舒服地靠在上面。
2. 請閉上雙眼，注意自己的呼吸，不用改變目前的呼吸方式，也不用試圖控制它，單純地觀察自己的呼吸，每一次的吸氣，每一次的吐氣。觀察每一次吸吐之間的長度以及深度，然後維持自然地呼吸。

3. 就這樣保持這個休息的姿態，然後注意身體上的三個點：額頭、胸腔的中心點以及下腹部。想像這三個點逐漸變得更柔軟、溫暖，以及放鬆。

4. 慢慢來，當你準備好時，以非常、非常緩慢的速度，把頭從膝蓋上抬起來，慢到像是你第一次將頭抬起來一般，不是很確定怎麼做這個動作，彷彿從未感受過脖子肌肉啟動的感覺，或者空氣流動在自己臉部皮膚上的體驗。此時眼睛還是要閉著，慢慢地把頭抬起來，直接在脖子上找到舒適的平衡點。

5. 接著，眼睛還是閉著，開始移動自己的手臂，也是要用緩慢到不可思議的速度。也是一樣，就如同你先前從未動過你的雙臂一樣，慢慢地解開交叉的姿勢，慢慢地向上延伸到頭頂上。接著，雙手也逐漸地放鬆，讓十隻手指頭緩緩地往外伸展。像是你的手臂第一次感受到周圍外在的空間。

6. 現在，輕柔地將頭往兩旁擺動，記得要很慢很慢地動，先把右耳垂向右肩膀的方向，然後左耳往左肩膀的方向。你正在做身體的實驗，感受每一個動作的當下，並探索周圍空氣的流動。

7. 就如方才手臂緩慢地往上延伸，現在也同樣緩慢地將手臂往下放，然後再次用交叉的姿態環抱住你的雙腿。

8. 接著，讓內心帶著好奇心和疑惑，睜開你的雙眼，就如你先前從未睜開過你的眼睛一樣，用視覺感受這個世界。請望向周圍，把這裡當作是一個從未來過的陌生環境。一切都是嶄新的，讓人大吃一驚的全新感受，每一個小細節都能讓你驚訝萬分。

這項練習可以做一遍，也可以重複做三、四遍，這樣可以延長及加深內化的效果。

我不會告訴你做這項練習時必須要有什麼樣的感受，因為每一個人的體驗都會不一樣。無論後續你是否會感受到其他的效果，這項練習都應該是會立即讓你：

- 移動及釋放能量。藉由彷彿第一次動作，你將會解放、疏通整個身體。放下人生中至今累積的各種限制信念，純粹用感受、好奇心去往外探索、擴張。
- 釋放緊繃感。你可以想像一副嶄新的身體來到了這個世界，所以身上一點也不緊繃。腦部也不斷傳達訊號到各個細胞，激發細胞體驗這種釋放感以及輕鬆度。

- 創造實際的空間。用新的方式看待自己的身體。在這個練習期間，你會把身體擦拭乾淨，如同白板回到空白的狀態一般。當你跟著這本書繼續走下去時，這新的空間會不斷地擴張，準備好填入新的體驗及想法。

請定期做這個練習，讓它成為每天或每週的例行公事。每一次都讓自己帶著好奇心去進行，你會感受到其中無窮無盡的發現。

事實上，自我療癒真的會讓你覺得彷彿天崩地裂。當然，有時候會有幾分鐘、幾天、幾週、甚至幾個月你會感到快樂的和諧感，以及明顯的療癒進展。然而，大部分的時間都會讓你感到噁心、討厭，有時候甚至會很痛，因為過程就是如此。請記得給自己的情感傷痛多一點耐心。

Part 3
你現在是什麼狀態？

乙太體的調整將會改變你的頻率，創造出愛與信任。

請將手放在你的心臟上。

做一次深呼吸。

你現在感覺如何？

今天的你需要什麼？

你頭腦在想什麼？

假如從「天啊！我現在覺得很糟糕，而且我想躲起來」，到「我現在活力十足，對未來的潛能我也拭目以待」，你認為自己的能量狀態是如何流動的？

你的頻率，你的狀態都很重要。能量會在你全身上下流動，然後投射到外在的世界，然後進一步地，你所投射出去的能量也會回到自己身上。你所付出的或多或少會等同於你接收的，因此熟悉自己的頻率振動，是自我療癒練習中不可或缺的一環。

如果你現在感到很受傷，你很有可能會吸引到同樣受傷的人來到生命中。如果你不相信自己的價值，別人也不會用愛與尊敬的態度來對待你。如果你處於沉重、陰暗的低頻狀態，也會讓你很難吸引到明亮、高頻狀態的人與經驗。

我的第一本書《沒有好條件，也能夢想成真》就在大量探討頻率這件事，而核心概念就是「愛自己」，愛自己將能夠提升自己的頻率，然後改變自己的人生，往更美

你的頻率，你的狀態都很重要。能量會在你全身上下流動，然後投射到外在的世界，然後進一步地，你所投射出去的能量也會回到自己身上。

好的方向前進。如果你想學習更多有關愛自己以及善用頻率的方式，我很謙虛地推薦你去探索這本書，裡頭教導你滋養自愛的練習，例如透過冥想、飲食的改變、喝水、改變肢體語言、體驗當下等，讓你能夠好好地照顧自己。

自我照顧的練習在療癒過程之中必不可少，而我在這本書也會延伸如何建立自我照顧的習慣。不過，在這個階段中，你只需要從事讓你感到喜悅、被支持的事物，即便是一件簡單的事情，像是聽音樂、在大自然中散步、與你非常信任的朋友聊天、練習瑜伽或者舒服地泡個澡。

無論如何，我想在這個章節中聚焦在頻率如何影響你的各種關係，還有你周圍人們的狀態會如何影響到你療癒的能力。

上一章節所提到的身體練習已經確實地幫助我們創造出更多空間及時間，讓你能夠開始覺察到自己頻率振動的部位。其實，覺察高頻、低頻，還是中上、中下並非難事。如果你正處於高頻狀態，並且與宇宙之間流動的正能量剛好又有對頻，你就會感覺現在很棒，很有自信。對他人而言，你的四周似乎散發著一種光芒，能夠輕易地成功，讓自己發光、發亮。早上起床時，對即將到來的一整天都會充滿信心和活力。

創意的奔騰，隨時信手拈來好的靈感、好的想法，任何你所期望的事情都會在生命中顯化出來。基本上，事情都會順利進展。即便不是事事順利，你也能夠保有彈性，並且相信一切都會是最好的安排，而很快地就會處於更好、更快樂、更強大的狀態。

然而，如果肩上背負著大包小包確實不容易往更高的頻率提升，但也不代表做不到，而是需要多花一點心思、精力。這是很值得下的工夫，因為當你在內在療癒中提高頻率，可以更容易接受過往的創傷，放下悲痛，並且以堅定的態度面對各種挑戰，因為你知道這終究是會過去的。在內心的深處，你知道，你明瞭，自己值得更好的一切。

所以，什麼時候該提升自己的頻率？一日之計在於晨，每天早上醒來時，從感受自己當下的狀態開始。如果你正在掙扎試圖看見隧道出口的那道曙光，並且覺得低落、遲緩、疲累，代表這時候你的頻率可能欠佳。你正在挖掘出更多重擔及苦悶給自己，而同時，你也正在吸引更多的重擔與苦悶進入你的生活中。

停！我答應過，不會要求你們在看這本書時放下懷疑的心態，而我卻在這裡討論宇宙的能量。然而，無論你是從奧秘的角度來看，還是堅持要看見科學證據，宇宙確實是由能量所組成，從量子物理學能夠證實這一點。我們也都是由能量構成的，地球和星星也是，我們都是裡頭的一員。

我們與生俱來的載體，也就是我們的身體，讓我們可以使用、轉化以及表達我們的能量。因此，當你想知道自己的狀態有什麼樣的能量流時，你不需要成為超級靈性綠奶昔狂熱份子（不過，如果你問我的話，綠奶昔確實不錯喝……有機會可以試試看）。反而，你可以把這件事情當成在學習一種新的語言，這個語言能夠讓你了解自己如何在這世界上運作生活，然後改變自己的能量，讓自己的生命添加喜樂的色彩以及更多的成就感。

當你為自己的自我療癒負起責任時，這會是自愛最偉大的行為之一。當你願意投入這個過程時，你就已經在提升頻率，創造出更大的空間讓美好的體驗顯化在自己的生命當中。

正能量關係的重要性

我們先從各種與他人的關係開始，因為這也是內在療癒的一部分。如果你身處的關係中帶著正能量又給予你支持力，療癒效果會更快速、深層，效果也能持續更久。然而，假如周圍的人都正在拖垮自己，你就會很難從中振作。

大多數我們所背負的創傷都是跟某個人或是某些人有關，這裡並不是說所有創傷全部都是有人對我們做了什麼，還是有人造成了什麼事情，即便很常是如此，但是當我們正在經歷創傷期間或者經歷創傷之後，當時身邊陪伴者的一舉一動都會造成不可估量的影響，特別是在我們如何處理自己的情感傷痛方面。當下我們所處的關係都會造成以下三個結果中的其中一個：

1. 造成進一步的傷害，或製造出一個內疚、責備和絕望的深淵，使我們相信會永遠被困在這裡。
2. 帶給我們空虛感、孤獨感、無意義感，也就是說這段關係並不會造成任何傷害，但也沒有任何幫助。
3. 讓我們振作起來，給予信心和動力去面對創傷，並帶著被支持的感覺積極度過難關。

這也與頻率有關，因為頻率在外在會有明顯的顯現。當你遇到困難，或者當你正在努力療癒當中，你與身邊親近的人的狀態不同頻時，任何你想嘗試的事情，都會讓你感受到頻率上的衝突。

你有注意到最近身旁有哪些人嗎？他們會帶給你什麼樣的能量？過去幾年你都與什麼樣的人有所連結呢？這些連結造成了你什麼樣的影響？最重要的是，當你經歷重大創傷事件時，誰在你身邊？

我想跟大家分享瑪俐卡（化名）的故事。他願意讓我在這本書公開她的旅程經歷，不過為了保護她的真實身分，我會謹慎描述具體的細節。

瑪俐卡擁有一般正常的童年，在一個正常家庭中長大成為一位正常的青少年。她告訴我，家人都很支持她，只是無法坦然地陪伴她面對創傷以及復原的階段。

就如同其他家庭一樣，他們無法接受家庭成員中遭受到不好的遭遇，所以只會把煩惱掩蓋在地毯底下，而非正視對方眼中深層的恐懼。不過，這對於瑪俐卡而言也並非大不了的事情，畢竟她也沒有遇到任何重大的事情，不需要他們的幫助……直到她十五歲的那一年。

當你為自己的自我療癒負起責任時，這會是自愛最偉大的行為之一。當你願意投入這個過程時，你就已經在提升頻率，創造出更大的空間讓美好的體驗顯化在自己的生命當中。

就在她慶祝完自己十五歲生日不久後，瑪俐卡被一位陌生人用粗暴的方式強暴。她當時從派對獨自回家，而她的父母及兄弟姊妹們剛好在這個週末都不在家。那人跟蹤她，並且強暴了她。這事件徹底地改變瑪俐卡餘生對這個世界以及其他人的看法。

被強暴之後，瑪俐卡在接下來的一天半時間都沒有動彈，她躺在屋內地板的地毯上。她從沙發上拉了一條毯子蓋住自己，然後停滯不動。她說在那期間或許有睡著幾次，不過大多數的時間都保持著高度警覺，感受著疼痛，不斷地擔心受怕。

當下的她什麼都沒有做，因為她也不知道自己可以做什麼。在這種震驚的身心狀態下，她的頭腦無法用正常邏輯或常規意識來思考。「當時的我完全就是恐懼的化身」，她說。「我就是這樣，完全處在害怕之中。」

當瑪俐卡的父母回到家中時，他們看見她就是這樣：躺在地板上，醒著，承受著極大的疼痛。她根本不記得怎麼度過接下來的幾個禮拜，不過她記得父母馬上將她帶到浴室，幫她沖了澡，並且問她發生了什麼事情。當她一一道來後，他們只讓她回到床上，並且把她一個人丟在那。

「沒有人提到去警察局報案。」她說：「我從來沒有想到過……我不知道為什麼我父母也沒有，他們根本沒有考慮這麼做。他們或許害怕被其他人知道後被指指點點，或者不知道怎麼處理這種狀況。」

接著，當最初的驚嚇慢慢消退，身體上的傷口也逐漸痊癒時，瑪俐卡終於可以開始從這高度創傷事件進入冗長艱辛的療癒過程。她絕口不提此事，她的父母也都沉默不語，更沒有一起討論過這件事情，至少沒有深入地討論過。

「他們應該也有試圖展現他們的關懷，會問我怎麼了，或類似『你該振作起來出去走走了。你必須知道外面也不全都是壞人。你要理解這個世界並非是你所想的那麼危險。』」瑪俐卡回想了一下。

「而我……我什麼也沒說。我陷入很深、很嚴重的憂鬱，並且對任何事情都很恐懼。他們是唯一在我身邊支持我的人，我也明白他們用自己的方式盡力了。不過，那真的不是我所需要的支持，我不需要他們提醒我要振作起來，我也不想要他們假裝一切從未發生過。當然，我也不知道我需要什麼。我就……我很受傷，也很羞愧。當然，我父母也有意識到我開始對這世界疏離起來，變得特別畏畏縮縮。但沒有人教過他們如何處理這種飛來橫禍。」

接下來的十年，瑪俐卡一直都處於情緒劇烈起伏的雲霄飛車上頭。即便偶爾會忽然「落地」，身邊卻充斥著錯誤的人，導致她會用毒品、酒精以及不健康的關係來麻痺自己。她的家人也因為她沒有成為原本所期盼的女兒而感到萬念俱灰。他們甚至沒想過，瑪俐卡之後的行為舉止及掙扎都與強暴事件有關，只認為已經給予女兒人生所需的一切，只是她一點都不珍惜。

瑪俐卡的父母無意中反而對她造成了進一步的傷害。當然，我並沒有要責怪他們的意思。只是，這個故事能夠凸顯出，缺乏適當同理支持的傷害也是很大的。如果瑪俐卡身旁支援她的人能夠幫助她面對自己的創傷，接受自己的情緒，耐心地陪伴她、等待她，不帶給她任何壓力……，這毋庸置疑會改變她的療癒之旅。

幸運地是，皇天不負苦心人，她終究找到了願意這麼做的人。當她二十六歲時，她忽然意識到自己需要專業的協助，而且完全是自己產生的念頭。她接受了治療，然後在她認為自己足夠強大時，尋求了鍛鍊思維的諮商，為自己打造全新積極正向的生活習慣。第一件要緊事是找到新的朋友圈，讓整個過程能夠順利開始。身邊的人都必須擁有她所渴望到達的頻率，有她夢寐以求的自信、自由，能呼喚出隱伏在自己內心深處的力量。原本真實的她已經被埋在創傷底下，等待著被發掘的那一天。

一旦遇見任何重大創傷事件，無論是自己還是身邊的人，一切都再也回不到過去。無論你是怎麼樣的人，擁有什麼樣的童年、雙親、財富，或任何一切，你都無法假裝這件事沒有發生在你身上，或是覺得這不會、也不能發生在像你這樣的人身上。這只是強大的否認力量。

任何創傷都一樣，無論是天崩地裂型、令人恐懼型，還是輕微的類型。當我與他人交談時，我很常聽到他們說：「我感覺我爸媽都偏袒我哥哥，但這不可能，因為他們不是這樣的人。他們不可能會這樣對待我，所以這應該都是我的問題。」甚至會說：「我記得小時候很怕叔叔。每當我看到他的臉時，肚子都會有一股悶悶的重擊感，即便長大後也是如此。他以前會打我……但是他是一個好人，所以他打我應該有很好的理由。還是這一切都是我幻想出來的？」

發生在你身上的任何事情，任何讓你受到傷害的事情，都不是你的錯。無論是你所出生的環境，還是有人選擇利用自己在你心中的地位來虐待你，還是你就是剛好出現在錯誤的地點及時間，這一切都不是你的過錯。

創傷之所以會發生在你身上，都不是你的錯。即便頭腦如此這麼想，但很多人的內心深處卻不認同，所以學習用正向肯定語來替代負面信念很重要。你可以說：「當時的我已經盡力了，現在的我很安全。」你無法改變過往的種種，但你可以選擇讓自己前往更光明的未來。你要知道，自我療癒是你自己的責任。

你此時此刻就可以開始這麼做，就像瑪俐卡當初所做出的選擇那樣——讓自己身邊圍繞著充滿正向、美麗宇宙振動能量的人。與其相信自己只會拖垮周遭，不如允許自己有提升的機會。

練習3：與其猜測他人對你的想法，不如觀察自己對他人的看法

又到了這章節練習的時刻！與其他我們所做過的練習不同，這次的練習能夠馬上自己進行，不過你必須把這項練習帶進自己的生活中，然後每當遇見不同人時能夠拿出來練習。這聽起來好像會是很浩大的工程，不過實際上這是一項小練習，每次都會帶給你一點小轉變，若能定期練習的話，則會累積成大轉向。

這次的練習源自於心理治療所採用的技巧，叫做神經程式語言學（NLP），這會讓你開始從自己的視角去體驗自己的生活。當你習慣這麼做時，你會用從內往外的角度去看這世界，而不是從他人的角度看自己。因此，這會增加你的信心以及自信。

這會創造出更穩固的自我和價值基礎，讓你願意開始相信自己的感受，而不是擔心他人對你的想法。這也會反映在頻率振動上，你將會開始思考他人的頻率會如何影響到自身的振動（如果真的受到影響的話），而不是勉強自己符合他人的理想。

當你認識新朋友，或是與熟識的人相處時，你會把重點放在哪裡？你會一直想著

他們對你的看法嗎？還是擔心他人如何解讀你所說出來的話、所做的舉動，或者整體狀態？當聚會結束後，你是否會陷入焦慮和苦惱，花好幾個小時回想自己是否在他人面前留下了好的印象？

你不會是唯一這麼掙扎的人。我們所有人都是社交動物，都渴望建立社交的連結，也都希望自己被喜歡、被需要。最重要的是，內心留下某種創傷烙印的人，往往會更努力地試圖讓自己被別人喜歡，為了容易融入群體，將自己塑造成我們認為他人希望的樣子。

這會讓我們有安全感，才能夠消除在社交場合及關係中的脆弱感。然而，這會讓我們處於低落的狀態，阻止我們表達真實的自我，無法自在地與自己相處。最終，這樣會讓我們無法建立真正充實、深刻、支持型的關係，因為我們總是把真實的自我隱匿起來，展現刻意營造出的另一個人。

有些心理學家聲稱，一直思考其他人對自己看法的人，實際上是一種不健康的完美主義追求者[10]。這並不是說發展自我和成為更好的自己是件壞事，但是單純從他人的眼光下成為更好的自己，對我們的自我價值並沒有好處。

美國作家同時是羞愧感研究專家的布芮尼·布朗（Brené Brown）曾寫到：「健

康的努力都應該以自我為中心：『我該如何更好？』，而完美主義是以他人為中心：『他們會怎麼想？』」[11]。換句話說，想要以健康正向的方式成為更好的自己，必須是為了你自己而努力，如果你是想以他人認為的方式讓自己更好，應該是說，是你想像中他人認為你該如何更好——代表你已經先入為主認定自己不如他們。

你所傳送給自己的訊息是：你的價值不足以讓你為自己感到驕傲，而且身為一個人，唯有他人（們）的認可，你才能感受到你／你做的事／你說的話／你的外表等的價值。你試圖讓自己成為他人所定義的完美模樣，但說實話……這是一個遙不可及的目標，因為每個人都有不同的意見及期望，而且這些想法也會不斷變動。

培養強大的自我意識，了解自己的價值，這在內在療癒中有無可比擬的重要性，

10 Reynolds, J.R. and Baird, C.L. (2010), 《設定過高門檻是否有壞處？未實現的教育期望及憂鬱症狀》'Is There a Downside to Shooting for the Stars?Unrealized Educational Expectations and Symptoms of Depression': https://journals.sagepub.com/doi/abs/10.1177/0003122409357064 [擷取日期：2020/4/4]

11 Brown, B. (2010), 《不完美的禮物：放下「應該」的你，擁抱真實的自己》The Gifts of Imperfection: Let Go of Who You Think You're Supposed to Be and Embrace Who You Are. Hazelden Publishing. 'Guidepost #2', p.55–62.

因為如果你的療癒是為了他人才這麼做，你可能就會半途而廢。然而，毫無疑問地，療癒的發生確實也會讓其他人受惠，這不只會讓你變得更強大，擁有更多的同理心，能夠忠於真實的自己，你強而有力的頻率也會向四周發出振動，豐富周圍人的生活。不過，這並非是療癒的目的。

你的療癒並非為了他人，不然你會迷失在其中，甚至放棄或者轉錯彎，走向一個自己其實不願意到達的地方。你必須相信自己值得痊癒，而且這一切都是為了你自己。每當你拾起這本書，看完某一頁，抬頭挺胸地走出大門，或者號啕、撕心裂肺大哭一番後，最終的目標都是為了你，為了連結自己，為了身為自己而感到開心。你需要相信自己值得生命中最美好的一切。

有時候，在療癒過程中培養強烈的自我意識會讓人心灰意冷，我懂。畢竟創傷已經讓我們真的很難有強烈的自我意識，讓「自我」，甚至「身體」變成一種抽象的概念而已。我們對於真實的自己感到疏遠。你可能會對自己說：內在如何我完全不在乎，只要外在一切看起來好就可以了。你的傷痛已經扭曲了你的認知，讓你無法想像用正向／療癒後的視野來看待生活。

但是，我在這邊要告訴你，你能夠感受到美好，而且重新發現真實自我的穩定踏

你無法改變過往的種種，但你可以選擇讓自己前往更光明的未來。你要知道，自我療癒是你自己的責任。

實感。你現在就正在努力學習成為自己的療癒者。不，把上一句劃掉——你已經是你自己的療癒者了。此時此刻，你就是在學習使用這一直以來存在你內心已久的工具。

由內向外

這個練習……請先將整篇練習的指令看幾遍，然後我們再開始。

1. 請你閉上雙眼，深呼吸幾次，讓你的肺部充滿氧氣，然後再完全吐氣出來。接著，回到你自然的呼吸節奏，你的身體會慢慢地放鬆。現在，你在這裡，而且完全處於這個當下。
2. 想像你遇見一位新朋友。請讓他如實地顯現出來——想像他全身上下所有的細節，看起來是什麼樣子？他的穿著、坐姿或者站姿。想像自己可以聽見他說話的聲音，他正在跟你打招呼，然後告訴你有關他的事情。
3. 現在，想像你正在聆聽他說話，而你並不需要擔心他對你的想法，也不需要擔心自己的面部表情，或者雙手移動的姿勢。你不需要擔心自己的髮型，或者預設自己在對方說完後該說些什麼。你只需要聆聽對方，讓他走進你的心裡。

4. 接著，想像自己告訴對方一些關於你自己的事情，簡短就好，也許是你的姓名跟一些基本資訊，讓對方能夠快速了解你。但是，當你在說話的時候，你無須去顧慮對方會如何回覆你，或者怎麼想你。告訴對方你最喜歡自己的哪些部分——而不是你認為對方會喜歡的部分。

5. 然後，互相道別，各自走開。

6. 現在，詢問自己：「你喜歡這個人嗎？」思考一下這個問題，花點時間感受。這裡並非要你批判對方，而是誠實地面對自己對這個人的想法。他有散發出美好的能量嗎？你會想要知道更多有關他的事情嗎？你希望跟他成為朋友嗎？還是你有點不自在？你認為對方值不值得信任呢？

7. 允許自己找到答案。「對，我喜歡他」，或者「不，他不是我想深交的對象」，還是「我不確定，但還是可以多聊聊看再說」。

8. 再次觀察自己的呼吸，用自然的方式及輕鬆的節奏吸氣、吐氣，把意識完全放在呼吸上，然後將所有與這位新朋友互動後的想法放掉。這確實發生過，卻也已經結束了。你不需要再多想什麼。

慢慢地，隨著自己的感覺再次睜開雙眼，如果你想要的話也可以伸展一下四肢，將雙手往頭頂上伸展，伸直脊椎。將這次的相遇釋放，讓它流逝。

剛剛發生了什麼事？你在想像的空間中遇見了一位新朋友，跟他交談了一下。你可能會喜歡或不喜歡對方，這都沒關係，然後就繼續過完這一天。

沒有發生什麼事？你沒有想知道對方是如何看待你，你也沒有擔心對方是否喜歡你。你沒有試圖從對方的角度去看你自己，而是從你自己的視角看著對方。你讓他走了進來。

你是出自自己的內心經歷了這場相遇，沒有試圖讓自己靈魂出竅，成為全視角的讀心者，也沒有飄在空中，然後從上往下看自己，評估自己的表現。你只是在做自己，認識一個人，然後想著「對！我喜歡這個人」，或者「我們不太合得來」。

建立頻率振動的真實連結

下一步就是實際運用在現實生活中，也就是與現實中的人互動。這並不是要你批判他人，或者成為愛說別人壞話的人。你對對方的印象可能不錯，或者完全相反，不過最主要的目的並非是要分享你對他人的想法，而是練習用直覺去感受他人的振動頻率，還有面對自己害怕、擔心對方會怎麼想你的反應，將焦點放在自己對於這次互動的體驗，而不是關注他人的體驗。

這當然不是馬上就能轉變的事情。你還是會擔心其他人怎麼看你，甚至超級擔心這件事情。但不用想太多，不要被這件事情打敗。這是一個過程，一趟療癒的旅程，沒有捷徑，需要花點時間走下去。

但請試看看。當你忽然想起時，就花點時間將那位不在體內的評估員拉回地球，回到你的體內，然後思考一下你對對方的看法，而不是對方對你的看法。我發誓，這能夠改變或顛覆傳統的遊戲規則。當你練習次數越多，你將能夠更輕易上手，直到一切變得很自然，完全不費力就可以進行。你的身體將會是以自己的身分去面對他人，帶著自信心決定對方的能量是否會與自己產生共鳴。

這樣除了會強化自我的意識外，這項練習還會帶領你走向更健康的關係。你會變得更專注於培養讓你感受良好的關係——這些人的頻率與你的層次相同，或者是能提升你頻率的狀態。

不過，這不代表我們要拒絕那些在你生活中苦苦掙扎的人，或依賴你、需要你幫助的人。有時候，我們的使命是提供支持與無條件的愛給其他人，無論他們處於何種狀態或頻率。然而，在這本書中要談的是允許自己將能量付出在會有等量回報的人與關係上。

還有，不要因為某些人看似喜歡你，就有壓力覺得必須與這些人建立關係，只因為他們喜歡你。特別是在認識新朋友的時候，如果你只是因為渴望他人的認同，經常就會花費大量能量在建立關係上。當你能夠以直覺行動時，你會發現，那些無法自然而然與你產生連結的人，你不需要他們的認可，你會開始與你真正想要相處的人在一起。

這樣一來，你會有更多機會迎接真實的愛與連結，以及無可動搖的信任，這都會在內在療癒的路上成為你的助力，因為愛與信任都是不可妥協的。我們需要它們，我們無法只靠自己的力量改善，也不可能在下半輩子中過著隱匿的生活。

如果你是想以他人認為的方式讓自己更好，應該是說，是你想像中他人認為你該如何更好——代表你已經先入為主認定自己不如他們。

沒錯，我們必須靠自己做非常多療癒的練習。不過，我們也需要能夠暢所欲言的對象，以及在他人面前嚎啕大哭，將赤裸裸的心攤開來，而且知道總會有個讓我們能夠平撫自己心情的空間。我們沒有任何一個人天生就能與孤寂相處，還能夠維持健康、快樂的身心靈。

不好的關係確實會帶給我們傷害，那好的關係呢？好的關係會創造出無限可能性，對生命有無比的重量，而你值得擁有好的關係。

Part 4

回到過去

星光體在童年時期逐漸發育成長，但它並非一成不變。
現在是時候與你的情緒建立新的關係了。

小時候，你究竟經歷了什麼事情？

當時發生的時候你對事情可能一知半解，並非是自己不夠聰明或者不夠好，很可能是因為當時的你太過年幼？

童年的經歷能夠完全改變大腦的結構。如果童年擁有無止盡的正向連結的話，這對大腦是件好事。然而，當大腦還未發育成熟，還無法用健康的方式去理解、處理不好的事件時，當時所發展出來的大腦結構與連結，會足以影響我們整個成人時期。因此，童年時期所遭受的創傷，可能會影響到你現在面對事件和處理情緒的方式。

2019年發表在《情感障礙期刊》上的一項有趣研究發現，童年創傷甚至會影響成人後所做出的道德選擇。特別是，研究人員發現當一個人在孩提時受到忽略，最有可能會損害成年後的道德決策過程，而在童年經歷過創傷的男性研究參與者，比女性參與者更有可能認為以個人武力造成傷害「是可以接受的」[12]。當然，這不代表所有

12 Larsen, E.M., etal. (2019),《童年創傷對成人道德決策的影響：躁鬱症的臨床相關性和見解》'Effects of childhood trauma on adult moral decision-making: clinical correlates and insights from bipolar disorder': www.ncbi.nlm.nih.gov/pmc/articles/PMC6287939/ [擷取日期：2020/3/15]

童年時期所遭受的創傷可能會影響到你現在面對事件和處理情緒的方式。

童年時期被忽略的孩童，長大成人後都會去傷害他人，不過這樣的可能性確實會增加。

即便你的童年經歷過重大的創傷事件，導致認知扭曲，強烈的影響一直持續到成年，你還是可以透過療癒來扭轉局面，而這本書所提到的練習就是整個療癒過程的關鍵。

你想想……有位孩子，我就先稱他為布萊恩，因為生命中某位重要成員去世後而悲傷欲絕。布萊恩的父親告訴他哭泣是軟弱的表現，要他學會像男人一樣堅強。父親還說，不然的話，沒有人會愛他與尊敬他。說完後，父親就離開了房間。

布萊恩從這次的交流中接收到幾個很重要的訊息。他學到，哭泣是弱者的表現，而且很不「男人」，所以如果他表現出「軟弱」而且不符合父親所謂的男人表現的話，他就不值得被愛、被尊敬。

成年後，布萊恩創造了自己的生活圈，而這些父親所帶給他的訊息在無意識中也扎了根，讓他無意識中遵循了這些想法。後來，他認識了一位女性，兩人墜入愛河，並且決定要共同組織家庭。不過意外的是，布萊恩的父親在這期間離開了人世。

布萊恩當下一觸即潰，在伴侶面前失聲大哭，他的伴侶抱著他，為他擦拭心碎的淚水。當他心情稍微平靜後，他望向自己的另一半，童年根深柢固的想法忽然都冒了出來，這些哭泣是軟弱、無價值及「不夠男人」的想法在他腦海中警鈴大響。而且他從對方的眼神中看見不屑、厭惡和拒絕。他認為自己的伴侶不再愛自己，因為他堅強的外表在瞬間瓦解，她已經無法再視他為真男人。

而且，因為過世的人是塑造他限制性信念的人，布萊恩無法接受，完全被這突如其來的消息擊潰。他再也無法直視伴侶的眼睛，覺得自己別無選擇，只好要求雙方的關係進展暫緩一下，並且與她保持距離。

他是認真的嗎？對方的眼中根本沒有不屑，只有愛、關懷以及同理心。然而，布萊恩無法理解對方真正的表現，因為他眼中只有那些根深柢固的想法不斷地折磨他。如果他做了承認並且釋放信念的練習，他就能接受伴侶的支持，並在伴侶的陪伴下度過這悲痛時期。但他從未做過這種療癒的練習——他也不知道怎麼做，甚至沒有意識到自己需要這麼做。他從未懷疑過這些童年時期所灌輸的創傷性想法及謊言，所以即便已經長大成人，他也會被這些謊言影響感受，並且按照這些信念行事。

是誰在說話？直覺，還是創傷？

為了瞭解為什麼布萊恩或者其他人，會因童年被植入限制性信念而有這樣的感受或者做出如此的行為，我們先來談談我往往會跟客戶一起做的練習。我其實也有在社交媒體上分享了無數次，所以如果你有在追蹤我的話，這個練習可能對你而言並不陌生。我們先從一個主要問題開始：是你的直覺，還是你的創傷在主導？

創傷會要我們不計代價來避免再次受到傷害。而當創傷在主導我們的情緒以及決策過程時，它會蒙蔽我們的自然直覺。創傷會滋養小我的恐懼及傷口，導致我們在這種痛苦的基礎上做出決定。相反地，當直覺在引導我們的決定及交流時，我們會出於愛與穩定感來行動。

每個人都有自己的直覺。沒錯，包括你也有。從心理學的角度來看，直覺是一種與生俱來的能力，能夠將片段訊息以及情感印象拼湊在一起，形成對於某個人或某件事情的「直觀」。廣為人知的偉大物理學家阿爾伯特·愛因斯坦曾說過：「我相信直覺以及靈感……我有時候感覺自己是對的，但當時我不知道真的是如此。」

心理學家認為直覺是非分析性的思維過程[13]，主要是在無意識的情況下發生，而直覺也會構成整個判斷過程中的一部分。如果你曾經有過這樣子的「預感」，或對某事感到確定，卻無法解釋其背後的原因，那就是你的直覺。

有另一些針對「直覺」的看法，是用「高我（Higher Self）」或者「真我（True Self）」去做解釋（我們之後會更深入這部分）。這是一種超越思維的認知感，並且帶有更多的深度。有些人認為自己的直覺源自於前世的經歷，也有些人秉持科學無法用來衡量所有的知識面。單純就是有一種深層的內在自信讓他們知道自己需要什麼、想要什麼，或者是什麼。

但是我們可能不會注意到，當我們以直覺組織事情，並在某個問題或選擇中得到一個直觀的答案時，直覺有可能會被蒙蔽。因為當我們陷在恐懼或創傷之中時，我們會誤以為創傷想傳遞給我們更深的智慧，反而會把基於恐懼的訊息誤認為是自己的直覺，而實際上這些訊息不過就是不健康反射下的煙霧彈，悄悄假扮為智慧的真理。

13 Zander, T., etal. (2016), 《直覺和洞察力：相互作用或兩個根本不同的過程？》 'Intuition and Insight: Two Processes That Build on Each Other or Fundamentally Differ?': www.frontiersin.org/articles/10.3389/fpsyg.2016.01395/full [擷取日期：2020/1/10]

因此，為了能夠讓你意識到童年的創傷以及限制性信念，這裡有一個很實用的練習，這會改變你現在的生活以及你當下的感受，讓你學習區分出自直覺以及出自創傷的情緒、決定以及信念。

太棒了！不過要怎麼開始呢？當你眼前面對的是一個決定、一段關係、一種情緒狀態，或者任何會讓你有強烈反應的狀況時，請花點時間，好好地坐下來，看看這反應是由直覺還是創傷在主導。

直覺性反應

由直覺所主導的選擇、感覺或反應，通常具有以下特質：

- 很平靜的知覺。
- 自由，或是解放的感受。
- 一個平靜且直接了當的聲音。
- 不需要證明自己的合理性。
- 心會更輕鬆，以及思維感覺被點亮起來。
- 意識與穩定感，你知道你就在這當下，此時此刻。

- 帶有保護性、引導性與支持性的語氣。
- 對結果或未來有更清晰的願景。
- 願意臣服於未知。

創傷性反應

相反地，由創傷與恐懼所主導的選擇、感覺或反應，通常會像這樣：

- 帶有焦慮和恐懼的假設或判斷。
- 被限制住或被困住的感覺。
- 激動，甚至瘋狂的聲調。
- 非常需要證明你反應背後的邏輯與合理性。
- 感覺自己內心沉了下去，腦海一片黑暗或陰鬱。
- 專注在過去——也許會用過去來證明你的反應。
- 帶有限制、要求的語氣。
- 感覺很迷失、迷惘。
- 抗拒未知，你必須維持在掌控之下。

當你開始承認創傷與恐懼存在時，你就已經成功踏出放下限制性信念的一大步（或好幾步）。你會開始接受自己童年時期對世界的想法或許不是真實的，這真的會讓你有很大的解放感。

如果布萊恩有做過這練習，他很可能會意識到，當他在伴侶面前哭完後所感受到的羞愧感及無價值感，事實上都是創傷在作祟，而這簡單的覺察就能夠改變他的一生。

若你在每個當下都能讓直覺平靜、持續地來帶領你，而不是由創傷和恐懼來帶領你，你的未來會有什麼不一樣嗎？

任何形式的創傷都會造成我們一些人生上的影響，而童年時期的創傷可以說是最深，也最難釋放的傷痛[14]。當我出版第一本書後，我遇見了許多讀者，他們都告訴

14 Heim, C. and Binder, E. (2012),《早期生活壓力和憂鬱症的當前研究趨勢：人類對敏感期、基因與環境相互作用以及表觀遺傳學研究的回顧》'Current research trends in early life stress and depression: review of human studies on sensitive periods, gene-environment interactions, and epigenetics': https://pubmed.ncbi.nlm.nih.gov/22101006 [擷取日期：2020/2/26]

創傷會滋養小我的恐懼及傷口，導致我們在這種痛苦的基礎上做出決定。相反地，當直覺在引導我們的決定及交流時，我們會出於愛與穩定感來行動。

我說愛自己真的不是一件容易的事情。我發現，大多數的人，都最難放下過去。

當你還在轉化成長時，早期的創傷會導致我們情緒不穩定。當時的你還在發育、成長，過程中吸收了傷痛與恐懼，並且將這些傷痛和恐懼緊緊包裹起來。這可能會創造出一個你永遠填不滿的空洞，或者創造出一個無形的怪物，讓你不斷地逃跑，一直想遠離牠。

這看似困難的過程（但我保證，我和你一樣。這對我而言也非常有挑戰性），也意味著我們在療癒內在時，不能輕視童年的創傷，因為一旦這麼做，只會讓我們永遠達不到想要的目的。我們可能會修補近期所遭受的情感創傷，並至少在一小段時間之內，感覺一切都在自己的控制之下，使我們感覺變得更堅強、更平靜。然而，童年的陰影總是出沒無常，即便是多麼微不足道的一件事情，有些甚至我們不認為是「童年創傷」的事情。不管你是誰，你去過哪裡，都會在幼年成長過程當中，植入某些限制性的信念。

負面的童年經歷嚴重程度不一，從不當的對待方式至長期的嚴重虐待都有可能造成創傷。不過重點是，癒合並非不可能的事，一個人的人生觀可以從此徹底改變。沒有人的生命歷程是完美無瑕的，這也沒什麼大不了。我們需要接受所有人都只是人，我們所有人在幼年時候，都會受到周圍成年人的傷痛、缺乏安全感、恐懼所影響。

但好消息是，我們有可能釋放掉這些舊有的信念，然後找出其他的康莊大道。這需要練習，而且一路上會有些顛簸——不過這些你現在都已經知道了。最重要的是，你明白這一切值得你付出。

練習4：自己的個人歷史清單

這可能是我要求你做的練習中最困難的。但是你已經準備好了——當你閱讀完前面的章節後，你已經開始認識到自己是如何承受這些痛楚，以及痛苦在何處。

你已經在自己的記憶、自己的歷史，以及儲存在你身體內的模式中創造了流動，所以新空間的出現，讓你能夠添加正向的經歷和信念。這項練習會讓這個空間變成無限大。你已經學會由內往外看，並且注意到自己的思考和感受，而不是去試圖猜測其他人對你的想法與感受。因此，你已經奠定了基礎，可以溫柔且帶著愛為自己做這項練習，並且有了新的意識，那就是你以前所解釋的過往經歷與情況可能並非是真的。

無論是微不足道的小事，還是劇烈的轉變，你都已經準備好面對你的回憶，並且用全新的角度看待這些過去了。所以，現在是寫下清單的時候了！這是一個關於過往回憶的清單，從你童年最初的時候開始，把所有停滯在生命中一直伴隨你，還有你所背負的情感重擔都一一列出來。不用擔心，你不需要按照時間順序寫出來，因為沒有人的記憶會這樣運作，只要把當下浮現在腦海中的事寫下來即可。

在這項練習，你必須要在腦海中搜索那些在你生命中留下烙印的痕跡……父母口中說出某句讓你感到羞愧不已的話；某件你所犯下至今都無法釋懷或為此自責的錯事；某位老師對待你的方式在某種程度上形成了你對自己有多聰明或多有價值的想法；你在青少年時間與交往的男友或女友所做過的事情；你對待某個人的方式讓你至今也無法原諒自己；被拒絕的經驗；你所說過或相信的謊言；讓你尷尬不已的時刻，還有那些你不欲人知的秘密。

先把那些自己視為創傷的事件，或者即便自己不認為是創傷，卻在某種程度上覺得受創的經歷都一一掀開來。將任何浮現在腦海的事件都寫下來，一個都不要略過。

這個練習可能會需要點時間，所以請慢慢來，不需要一次就到位。你可以在幾天或一週中反覆做這個練習，把新想到的事加上去。不過，你每次坐下來寫這份清單中間間隔的時間最好在二十小時之內，因為你要持續讓思緒保持流動。當間隔的時間越短，頭腦就會一直保持在狀況內。當你覺得這份清單已經完成後，請在最底下畫上一條線，一旦畫上線後，就不要再繼續添加更多的回憶。就讓它過去吧。

請注意，進行這項書寫練習有時候會讓你感到很痛苦，這完全是正常的。無論你在清單上寫下了什麼，你都沒有任何問題。在進行過程當中，如果感到羞愧、害怕、尷尬，這些都是正常的反應。如前所述，給自己一點時間，並且在需要的時候休息一下。

如果你目前剛好正在進行專業的心理諮商，在書寫過程中湧現出強烈的情緒，你可以與自己的心理諮商師談談，請他給予你支持，也可以找一位可信賴的朋友聊聊。你不需要把具體細節都說出來，有時只需要說：「我正在經歷一段沉重的療癒過程讓我十分難受，可以陪我出去散步一下嗎？」。然後記得在這個時候讓自己回到當下。

列一份關於自己的清單

當你在進行這項書寫練習時，請記得練習本身是有目的性的。它將引導出美好和積極，在接下來的幾頁當中，將有機會能夠擺脫你所感受到的痛苦，並以你希望的方式重新設定自己的信念。

1. 請為你的清單下一個標題，讓清單變得更真實，讓你某種程度上貫穿整個內容。標題由你決定，不需要太複雜，甚至也可以簡單寫「回憶清單」就好。
2. 開始寫清單內容。從你最早的童年記憶開始，記得你不需要按照時間順序排列下來，單純地把記起來的回憶寫下來即可。你也不需要把所有細節都寫出來，只要能讓你知道是什麼記憶就足夠了。記得幫自己的清單列上清單號碼，如果後面需要的話，可以把自己認為意義重大的記憶都圈起來。

3. 為每件事件打上1到10的分數，1為不痛不癢，10為最強烈的情緒反應。如果為6、7分以上的回憶，我強烈建議你尋求受過創傷治療專業訓練和經驗的心理健康專業人士幫助。
4. 在需要的時候請適當地讓自己休息。接著再回來清單上，重新檢視一遍。
5. 當清單完成之後，請在底下畫上一條線。接著，平穩、緩慢地深呼吸三次，讓空氣從鼻子吸進，再從嘴巴出來。感受一下腳掌確實地踩在紮實的地板上，想像自己之外有一個安全、堅硬的容器，只有你可以任意打開或關閉。現在，請想像自己把這個容器的蓋子打開，將今天每個回想起來的事放進容器當中，然後關上蓋子，讓你的記憶慢慢得以療癒。

你已經完成最困難的部分了。如果你還想學習更多關於管理情感傷痛的技巧，我建議你尋求接受過辯證行為治療（DBT,Dialectical Behavior Therapy）訓練[15]的心理治療師的幫助。

15《辯證行為治療》'Dialectical Behavioral Therapy', Psychology Today:www.psychologytoday.com/us/therapy-types/dialectical-behavior-therapy [擷取日期：2021/1/8]

關於界限

許多無法接受自己受到早期創傷的人，都有一個共同點，那就是：難以設定健康的個人界限。（界限是一種限制，可以幫助你身邊的人了解你希望被如何對待，以及你可以接受和不能接受被如何對待。）

界限的問題會表現在不同的方面，不過最明顯的地方是會表現在自己不同的關係上。老實說，設下界限對每個人來說都不容易，因為不太有人會喜歡讓別人失望，而且即便是一位在工作上很擅長立下界限的人，在自己私人生活當中很可能不是這麼一回事。

設下界限並非是要擺脫他人，而是讓這些人在自己的生命當中與自己保持一段距離，讓他們無法干擾到自己內在的平和。療癒並不是將他人拒於門外，而是與他人發展出更健康、健全的關係，不會因為對方的所作所為而引起某些反應。然而不幸的是，帶著我們是誰、我們應該得到什麼的限制性信念，會讓我們更難劃清自己可接受以及不可接受的界限。

我的朋友喜娜是一名關係調解員，她曾經遇到一位客戶身陷在一段緊張的關係中抗爭：婆媳關係。這位客戶，我們就先稱她為佩姬，她一直希望讓自己的婆婆來家中時能感到舒服自在，她們兩人也算相處融洽。原本一切都還算順利，直到佩姬與丈夫擁有了愛的結晶。婆婆為了看寶寶隨時不請自來這件事，讓佩姬開始逐漸感受到巨大的壓力。

當佩姬還在為了生產後休養身體，以及摸索初為父母的訣竅，她的婆婆連一通電話都沒有打就出現在自己家裡，抱著寶寶，一待就是數小時。佩姬很生氣，她需要一點時間來調適自己，來陪伴自己的孩子，但是婆婆卻認為自己有權霸佔孩子的時間。佩姬一句話也沒有說，她還是一如往常地煮咖啡，在寶寶餓的時候餵他喝奶，再讓婆婆從她懷中抱走孩子。

我們快轉一下，幾年後，佩姬與丈夫決定搬到一個新城鎮，雙方也都找到了適合自己的新工作，並且很期待未來共同創造屬於自己家庭的新生活。其實，新家的地點離他們的家人並不遠，卻恰好可以保持一段距離，好保有自己的空間。佩姬認為這樣婆婆不請自來的行為應該會停止，因為她應該不會希望自己開車開了六十英里後發現佩姬一家人都不在家。他們當然不是在躲避婆婆，不過佩姬認為這段距離是一種加分。她很希望能夠享有一點屬於自己的自由。

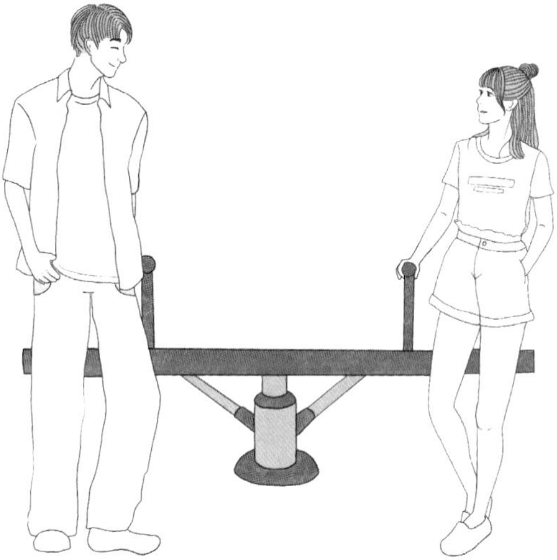

設下界限並非是要擺脫他人，而是讓這些人在自己的生命當中與自己保持一段距離，讓他們無法干擾到自己內在的平和。

然而，她的婆婆竟然告訴他們：「我也要搬家，剛好你們家對面的房子在出售，所以我就買下來了。這樣我可以一整天幫你們照顧寶寶，未來甚至可以接送我的孫女上下學。」

佩姬的心一沉，臉上保持著微笑，卻一句話都說不出來。

她知道自己必須學會在各種關係中設下界限，因此開始與喜娜一對一練習。當時，她垂頭喪氣地告訴喜娜這項消息：「我什麼都做不了，我以為保持距離就能夠讓生活開心一點，但婆婆……她硬是要搬到我家隔壁。也只能這樣了。」

喜娜一旁傾聽著，並且問了她一句看似簡單的問題：「在你的人生當中，你有沒有經歷過任何讓你覺得無法掌控的巨大轉變？之前有發生過什麼事情，讓你失去了自己的發言權呢？」

佩姬不加思索地點了點頭。「當然有，」她回答。「在我十歲的時候，我的父親與他當時的新女友同居了，所以我必須跟他們住在一起。我的母親無法帶著我。我不想跟他們一起住，所以我告訴父親我只想跟他一個人一起住，沒有他的女友。但是，我的父親告訴我，如果我不能接受的話，只能把我安置在寄養家庭中。如果要二選一的話，他會選擇新女友。」

喜娜與佩姬繼續往下探索，討論到佩姬丈夫夾在妻子與母親之間的角色。結果發現佩姬的丈夫似乎都沒有參與其中，因為佩姬的婆婆有要求或希望時只會找佩姬，而不是找自己的兒子。佩姬也從未向自己的丈夫求救過。這是為什麼呢？佩姬內心深處認為，如果要求丈夫在她與婆婆的期望中二擇一的話，他應該會選擇支持自己的母親，而佩姬不希望走到這個地步。她不想給自己的丈夫施壓，也無法承受丈夫將她的重要性擺在較低的位置。

因此，喜娜決定與佩姬進行設下界限的練習，好讓佩姬建立自己的自信心。幾天後，佩姬決定與丈夫和婆婆好好地坐下來，用溫和的方式解釋他們新建立的家庭需要有一點屬於自己的空間，而不是一直活在自己父母的保護之下。佩姬平靜地用溫暖的語氣安撫她的婆婆，她在這家中還是被尊重、被愛的，只是他們不需要她每天來照顧小孩。相反地，他們希望婆婆能夠與孫子一起享受特別的時刻，而非成為日常例行的公事。

佩姬的丈夫全力支持這個想法。雖然婆婆對於這看法感到驚訝，也有些不高興，但她還是可以理解。就這樣，佩姬設立了一個充滿愛、善良和自信的界限。

尊重自己的界限

你應該接受自己的界限，並且與你身邊的人溝通清楚：

- 你是否有點內向，雖然很享受跟朋友出去玩，卻也需要在自己私人空間或家裡充電？你應該告訴自己的伴侶，每週有三晚都請朋友來家裡作客對自己來說太多了，而且你需要被尊重。
- 你是否喜歡出去社交，而自己的伴侶卻更喜歡待在家中呢？你應該告訴伴侶自己需要找到一個平衡點，可以在伴侶想待在家中時，你一個人出去見朋友。或者，你希望伴侶偶爾也可以陪你一起出來，這樣也可以尊重到彼此的需求。
- 當親戚無預警出現在自家門口會讓你備感壓力嗎？你可以跟他們解釋你正在忙，並且希望他們來家裡前先打通電話。
- 如果家人不常來探望你，或者不會打電話來關心你的近況，你是否會感到難過呢？或許你可以向他們傾訴這未被滿足的需求。
- 你是否很難拒絕常常要你幫忙、借錢、需要心靈慰藉的朋友，而當你需要他的時候，他都不在呢？你可以依照自己的感受提供所能，並且在感覺友誼是單方面付出的時候往後退一步。

- 你是否處於一段戀愛的關係，不過對方卻無法尊重你需要坦誠溝通的需求？

你可以做出要求，並得到理解及善意的對待。

無論你有什麼需求，你需要讓自己向他人解釋，請求他人尊重自己的需求，並且期待他人尊重你在生活中所設下的界限。當你願意尊重自己的界限時，其他人也會開始尊重你。當你這麼做時，你也是在這段療癒之旅中給予自己一個成長的空間——這樣一來，你就不用不斷處理自己的個人空間或者情感能量受到侵犯，你正在保護自己需要療癒和恢復健康的空間。你也很清楚自己需要從重要的人身上得到更多東西，而這是在傷害你的距離之間設下一個界限，而你也不想再忍受下去了。

設下界限的簡單方法

誠如我所說，界限並非是拒絕他人，將他們驅逐在你的生活之外——這是一個你簡單就能設定的限制。另一方面，這個限制會深深烙印在你的潛意識中，讓你能夠更容易區分、辨別自己在關係上的需求。界限能夠保護我們的情緒、個人空間（無論是字面還是抽象的空間），還有我們的頻率振動。

設下界限也是很肯定地告訴他人，你不再接受——而且你也不願忍受被忽略、遺忘。設界限對於所有的關係都很有用，從專業關係到親密關係都可以，特別是與我們所愛的人，因為自己珍惜的人往往對我們的影響更加深遠。

我想澄清一點：設下界限並非是自私、冷酷的舉動。事實上，我認為這動作剛好完全相反——這是以一種堅定又溫和、溫暖和充滿愛的方式來照顧自己和他人。設下界限讓我們能夠全然地愛自己、尊重自己。當然，當我們對自己的界限感到自在時，我們也能夠察覺並且尊重他人的界限。

當你在自己的關係中建立健康的限制時，你也是在讓這些關係有一個能夠綻放、成長的空間。每當某段關係對你要求太多或強行進入你的個人空間時，你可以盡量降低不舒服和無聲的挫敗感。基本上，界限能夠成功地打造健康的關係，並且讓關係中充滿愛。

設置關係中的界限

以下是在任何關係中都能快速設下界限的方式：

1. 花點時間回想有哪些狀況或互動會觸動你。對方做什麼事情會讓你感到厭惡、生氣，或是讓你覺得無力、不重要、被忽視？當你與難相處的人處在同一個空間時，感受一下自己的身體有甚麼樣的感覺。現在，請回想自己第一次有這種感受的時機點，對方或許是觸碰到你的一個舊創傷。當你想療癒最初或核心創傷時，你需要先卸下對方的責任。
2. 接著，將觸發因素與某個你緊握不放的核心價值或需求連結在一起。例如，朋友將你告訴他的私人秘密告訴其他人時，而感到被觸發。相關的核心價值很可能是你很重視這段親密關係中的信任和信心。當你對於不請自來的朋友有所觸發時，你的核心需求可能是自己的個人空間與時間需要被尊重。
3. 現在，針對這些觸發反應以及所連結的需求或價值，創造出一句聲明。這句聲明必須帶有堅持的口吻，卻又不會太苛薄——畢竟它是源自於愛與尊重。這邊有一些範例：

「我很重視關係中的信任和自由，讓我能夠坦然與朋友說話談天。因此，如果你繼續將我的個人想法和感受告訴其他人，我就不會再與你分享這些。」

或：「我需要你尊重我的個人空間與時間。即便我很喜歡跟你一起出去玩，我也需要你在來之前先打電話跟我確認一下。」

或：「我認為親密關係中需要有關懷，我需要你比現在撥更多些時間給我。」

一開始的時候，你會覺得需要為自己的聲明道歉或是放棄。請先忍住這樣的衝動——記得你是可以表達自己需求的，並且請他人尊重你的需求。同樣地，其他人也可以自由表達自己的需求，而你也可以明確表示，如果他們決定這樣做，你也願意傾聽他們的需求。以這樣的方式設下界限，練習越多你將會覺得更上手。

4. 用冷靜、清楚的態度向相關的人傳達你的主張，盡量避免在爭吵之中或在你已經被勾起觸發後冷不防地丟出這句話。在平靜之中面對面地討論自己的界限會是一件很棒的事情，不過如果你覺得這樣做對你而言有些難度，你也可以用文字訊息的方式傳達。

5. 堅守自己所設下的界限。如果你已經認識對方很久，而以前你們也從未建立過健康的界限，一開始對方可能會試探考驗你。這會令人很沮喪，不過也完全正常，這剛好也給你一個機會表達為此你是很認真的。你再也不希望自己的需求被忽視，而且也讓對方明白超越這個界限會有嚴重的後果。

請堅持到底。例如，如果你請對方來你家之前先打通電話，他卻還是無預警出現在你家門口，你可以打開家門，有禮貌地告訴對方自己目前在忙，可以改天再約。對方很可能會有負面的反應，不過沒有關係。請記住，對方的反應是由他們自己來管理，這不是你的責任。因為，你的責任是清楚地告訴對方自己的界限，並且當有人跨越這條線時，即時捍衛自己的界限。當你能夠尊重自己的界限時，你周圍的人會明白他們也必須給予尊重。

6. 持續練習！保持冷靜，深呼吸，並繼續向前行。

讓創傷止於此

當我們還無法療癒過往的創傷經驗及事件時，痛苦的可能不單只有自己。代間創傷（intergenerational trauma），亦可稱為代際創傷（transgenerational trauma）或者世代創傷（generational trauma），是一種描述創傷如何在一個家族或群體中世代傳承的心理學理論。

為了在神經科學和心理動力學概念之間建立起一座橋樑，心理學家馬克·沃林（Mark Wolynn）撰寫了有關父母如何從個人的、神經性的、共享和互動過程當中將創傷傳承給我們，或是讓我們將創傷繼續傳承給自己的孩子[16]。沃林及其他心理學學者提出，如果沒有人「破壞這個循環」，創傷將會傳承給好幾世代。

最知名的例子就是納粹大屠殺對猶太民族群體的長久影響，在不同程度上，他們將這個難以置信的巨大創傷融入了他們的生活方式以及世界觀中。例如，紐約的薩特

16 Wolynn, M. (2017).《它並非從你開始：家庭創傷對個人的影響以及如何結束這個循環》It Didn't Start with You: How Inherited Family Trauma Shapes Who We Are and How to End the Cycle. Penguin Books.

瑪（Satmar）教派是猶太民族中正統的教派，為了彌補被納粹所奪走的生命，他們認為傳宗接代是非常重要的[17]。

當然，這是完全可以理解的，這可怕的經歷即便結束了也會長期跟隨著這個群體，他們的創傷永遠不能、也永遠不應該被遺忘。這是事件的旁觀者無法評論的，但我仍然希望所有人類在某個時間點能夠放下過去，並且帶著內在自由而活。

以小規模而言，創傷也會隨著家族傳承下去。一直都是如此。你的父母未痊癒的創傷，必然會影響到你對世界的看法，而你的祖父母未療癒的傷也將會影響到你父母如何過自己的人生。而你尚未療癒的傷口，也將會影響到你的孩子或者晚輩們對人生的看法。

不管我們怎麼努力想將創傷隱藏起來，或者假裝創傷從未存在過，背負在身上的創傷都會轉移到周圍的其他人，因為這種隱藏以及壓抑，本身就是會轉移給其他人的一種創傷表現。

17 Kranzler, G. (1995),《哈西迪．威廉斯堡：美國當代哈西迪社區》Hasidic Williamsburg: A Contemporary American Hasidic Community. Jason Aronson, Inc.

舉例來說，父母與小孩的日常互動以及某些特定的行為，都源自於自己小時候所接受過的教養方式。在我自己的家庭中，孩子們從很小的時候就被拿來與其他人做比較，無論是學業、外表、情感等。如果我們成績不如其他小孩，就會被視為是失敗者。就像跟深膚色的嬰兒比起來，淺膚色的嬰兒通常被認為更可愛。大家都是如此，也沒有要隱藏的意思。我們總是被拿來與同年齡的人評論，不過這樣的習俗不是只有在我們的文化而已……

背負在身上的創傷都會轉移到周圍的其他人，因為這種隱藏以及壓抑，本身就是會轉移給其他人的一種創傷表現。

淺談比較文化

比較文化無所不在，所有人多少在不同層面上感受過它強大的影響。然而，並非所有的比較都屬於負面的行為，蓋亞妮．凱迪亞醫師（Dr.Gayannée Kedia）及其團隊認為「比較」是大腦正常機制中的一部分，是自我改善的驅動力[18]。但是，當我們在將人與人做比較時，特別是對孩童，這行為會助長不安全感，讓他們難以接受自己。

我們都會將自己的成就、外貌、才能、成績、才智、受歡迎程度、財富、關係以及所有的一切拿來與他人做比較，將別人視為評價自己的方式。基本上，我們被社會化的方式創造出了一種在所有社交環境中的評判系統，從家庭到教育環境、群體、朋友、工作等。由於我們被他人批判，所以我們也變成了自己內心最大的批判者，而且用同樣批判自己的標準去批判他人。

18 Kedia, G., etal. (2014),《大腦機制之社會比較及獎賞系統的影響》'Brain mechanisms of social comparison and their influence on the reward system': www.ncbi.nlm.nih.gov/pmc/articles/PMC4222713 [擷取日期：2021/1/2]

伴隨著像是IG等社交媒體的興起，我們能夠毫不費力地偷窺他人的人生，目睹偉大的瞬間與時刻，包括各種成就解鎖以及完美人生的片刻。因此，這很容易讓你陷入將自己或自己的生活與他人比較的陷阱中，並將他們與其他社交媒體上的潮流思想和社會事件做比較。

任何人都能夠輕易取得這種即時、無所不在的框架，而我們也總是想將框架套用在每個人身上。它滿足了人類想對一切事物進行分類的欲望。如果我們不確定我們對某個人（或對我們自己）的看法，只要上網就可以知道這個人能分類在哪個框架內。

然而，這種比較的習慣也可以激勵、鼓舞我們，還能帶給我們不同的啟發，這其實並不是一件壞事。但是，如果我們沒有學會透過正念和覺察的方式來分析我們的想法和想法的源頭，比較的習慣反而會傷害到我們自己，無法獲得正面的效果，更可能發展成不健康心理的危險種子。

強烈的比較文化很可能是來自於世代的創傷，由大人傳承給孩童，這樣反反覆覆，一代接著一代。對我們而言這變成了一個正常的行為，也從未質疑過它的危險性。我們並沒有發現比較會影響到我們對於自己以及他人的想法，也不了解這會創造出更多的批判以及痛苦。

畢竟，很多家長都這樣對待自己的小孩，這是一個常見且被社會接受的育兒技巧，怎麼可能會出錯呢？同樣地，羞辱孩子也拿來當作是一種阻止孩子某種行為的養育方法，或者當孩子做出我們不喜歡的事情時，就會斷開孩子的社交連結與接觸。這些都是再正常不過的事，然而底下卻隱藏著極大的危機。

你該如何判斷比較是否已經成為自己人生的日常了？這裡有幾個常見的徵兆：

- 缺乏自我價值感或無價值感。
- 低落的自尊心和自信心。
- 覺得自己沒有成就的錯覺。
- 不滿意感。
- 與他人的比較來驗證自己存在的價值。
- 評判他人。
- 持續的負面情緒，如羨慕、嫉妒、仇恨、內疚和悔恨。
- 說謊（假裝自己不是那樣的人）。
- 飲食失調。

當比較的行為背後沒有強大的自我意識支撐時，基本上會出現兩種狀況：你覺得

比較的習慣也可以激勵、鼓舞我們，還能帶給我們不同的啟發，這其實並不是一件壞事。但是，如果我們沒有學會透過正念和覺察的方式來分析我們的想法和想法的源頭，比較的習慣反而會傷害到我們自己，無法獲得正面的效果，更可能發展成不健康心理的危險種子。

自己不夠好或者覺得自己比別人優越。

如果你背負著家族或者群體的創傷，或者你曾經歷過某種創傷，你都可以終結創傷。

即便你無法將所有過往的秘密都掀開來，或解決所有的謎題，無論是第一手、第二手還是好幾世代前所傳承下來的傷痛，你都可以在你的內在經驗以及外在創傷顯現上下功夫。你其實正在重新描繪自己的印象以及表達的方式。

我們將在下一章節更深入地探討「重新養育」自己的練習，用你給予孩子同樣的愛、好奇心以及誠懇的心來回應自己，你將會知道如何為自己設定新的信念（特別是正向、釋放性且賦能的信念）。

不過，在這之前，我希望你再做另一個練習，好為接下來的課題做好充足的準備，因為你將要重新撰寫潛意識中對自己的信念，並且為自己創造出真正內在療癒所需的條件。

練習5：找出你的限制性信念

現在，你已經寫完自己人生故事的清單（練習4，第128頁），所以我們要來做個冥想。這個冥想練習的目的是為了讓你找出你緊握不放的限制性信念——你在清單練習中所承認的那些扎根在你人生經歷中的限制性信念。

基本上，我會請你與創傷同在，無論是大創傷還是小創傷，都請你與所有的創傷同在，看看是否有哪些創傷會特別突出。這項練習的時間會根據你的清單長度有所不同，可能是一小時、一天、一週，甚至更久。你可以自由地將這項練習分成數個小練習。例如，你可以將清單分成小清單，每個小清單有十個回憶，每次就其中一個小清單來進行冥想。

無論是選擇一次做完還是慢慢來，請記得要確保你有完成清單上所有的回憶。你必須與所有的回憶同在，這很重要，所以就算要花費一點時間也沒有關係。內在療癒並非要你火力全開快速地解決所有問題。我們是為了追尋真實、深層並且永續的成果。如果你想慢慢前進，請用適合自己的節奏前進，只要你感到舒服自在就可以了。

這裡要再說一次，這個練習可能也會讓你感到不適，畢竟清單上頭的事件是混亂的，有些可能讓你感到心痛，有些可能是你多年來掙扎與努力想要忘記的事情。我們在此要重塑自己的信念——重新撰寫那些限制你是誰的那一頁（或至少是限制你認為自己是誰）。因此，這絕對不會是一個舒心的過程。

帶進光

找一個自己感到舒適自在且安全的空間，最理想的空間是你知道不會有其他人突然出來干擾你進行這項練習。

1. 用坐姿讓自己安頓下來。你可以選擇坐在地板上或者椅子上，任何坐姿都可以，只要自己感到舒服即可。

如果你坐在地板上的話，可以坐在一、兩個坐墊上，讓臀部高於膝蓋。如果靠在牆上讓你感到有更多支撐，也可以這麼做。如果你選擇坐在椅子上，請確認膝蓋後側能剛好靠在椅子邊緣，雙腳可以穩定地踩在地面上。然後，請在你身旁擺一杯水或者花草茶（不能含有咖啡因，因為咖啡因會加劇你的焦慮感，這對處理具有挑戰性的回憶不會有太大的幫助）。

2. 請將個人歷史的清單擺在你面前，看得見的地方就好。你可以選擇一次處理清單上所有的事件，如果你決定分成數個小清單的話，請先拆分。請拿出一枝筆，翻開筆記本的空白頁，攤開在你面前，寫下「限制性信念」這個標題。

3. 請閉上雙眼，讓雙手舒服地擺放在雙腿上——自然垂落即可。請深呼吸，用鼻子吸氣，嘴巴吐氣，將身體內所有的空氣都釋放出來。請再重複兩次——用鼻子吸氣，嘴巴吐氣。

4. 接著，回到自然的呼吸節奏，不需要特別控制，只要好好地關注呼吸即可。你已經到了這一刻，好好地與自己的呼吸同在。慢慢來，不需要急，直到你覺得自己很安穩，感受到自己處於當下。如果你正睜開眼睛閱讀這個步驟，現在可以再次輕柔地閉上雙眼，繼續保持你的坐姿，並且觀察自己的呼吸。

5. 現在，請打開雙眼，將焦距放在清單上第一個，編號第一號的回憶。請慢慢地誦讀出來，帶進內心深處，然後再次閉上雙眼。

6. 請停留在這段回憶中。如果你想要移動雙手，請隨著內心的呼喚進行任何動作。有時候我們會想把手放在心臟或者腹部的位置，或者身體其他我們感覺與回憶有所連結、影響的部位。請放下你的抗拒，讓它自然發生。我們是在與整個身體一起練習，所以請好好聆聽自己身體的聲音，不需要壓抑任何感受或情緒。讓它自然發生就好。

7. 無論需要花多少時間都沒關係，請好好地與回憶同在。觀察自己身、心、靈的感受。當你準備好時，問一下自己：我是否因為這個回憶而創造出了一個信念？

8. 如果有任何信念浮現在自己的腦海中，請馬上打開雙眼，將信念寫在自己的筆記本上「限制性信念」的標題下方。如果你還是無法理解如何進行，我以自己的清單為例子。我會在下一章節中加以解說，這裡是簡要的版本：

～回憶：小時候媽媽沒有錢買食物，我餓著肚子。

～限制性信念：當有食物的時候，我會大吃特吃，甚至暴飲暴食，因為明天、後天、大後天很可能就沒有食物吃了。

9. 接著，當你準備好的時候，請前往下一個回憶，這樣一個接著一個。有些會花比較久的時間——你可能會需要閉上雙眼，然後發現其實這段回憶根本沒什麼重要性，也沒有賦予任何信念。這時你可以快速地放下，進入下一段回憶。

然而，有些回憶會比較重大——練習的時候也會比預期還要久，讓你能夠探索它對你的真正意義以及感受。就如我所說的，給自己多一點時間。我們不急，你不是在按照時間表工作，這是為了你自己的療癒和幸福在做的事。

10. 喝一口水或者花草茶。如果你感到不知所措，可以先回到自己的呼吸，觀察呼吸就好。記起你身在何處，在你的身軀裡，這個房間中，這棟建築物中，這個地球上，還有整個宇宙中。當你認為自己準備好的時候再往下練習。

11. 當你已經完成所有清單的回憶冥想時，先讓自己好好地呼吸，用鼻子吸氣、嘴巴吐氣，做三次深呼吸。

—這是釋放。

—你在釋放。

—你被釋放了。

你完成了這項練習。透過清單的冥想，你已釋放掉所有人生中不再需要保留的回憶，然後也寫下了新的清單——限制性信念的清單。這些都是你以前到現在所背負的想法，有些可能在人生很早期就一直伴隨著你。

我無法向你解說你眼前的清單有多大的威力，畢竟剛剛你也費了一些心思來處理回憶，我知道這可能一點都不神奇或可愛。這並非是魔法，卻十分有效。現在你已發掘出了一分限制性信念清單，這份清單一直在掌控著你的生活方式。你已經將信念從陰影之中帶到了陽光底下（或是燈光，任何你擁有的光之下），所以你可以一目了然地看到這些信念。

當你能清楚看見自己的信念時，會發生什麼？改變，你可以改變這些信念。

Part 5

用全新的方式面對自己

思維是有彈性的，它想學習，也願意有所改變。

等等。先休息一下好了。就是現在，一下而已。

畢竟我們剛剛經歷了許多事情。

你也經歷了許多事。

你在人生當中經歷了大大小小的事情，也在閱讀這本書當中經歷了很多。

你現在感覺如何？如果你感到些許不安、徬徨，不用擔心，這是正常的。面對過往的回憶，特別是帶有創傷性質的回憶，與這些回憶同在是一個很了不起的事情。記得給自己一點時間與空間，讓你在過程中安穩下來。

怎麼樣才會安穩呢？你可以到大自然中散步，與朋友喝杯咖啡，與心愛的人共度一個晚上，去看場電影，抱抱自己的狗狗。

你值得讓自己做一些能夠振奮精神又能撫慰靈魂的事情，這條療癒之路並非全部都是荊棘。生命仍然是一個偉大、美好的歷程！你本就是奇蹟似的原子排列組合，是獨特的能量表達，並且注定要出現在此。

童年的影響

我們做了許多回溯過往經歷及回憶的練習，並且將它們攤開在陽光底下，好讓這些回憶消融。在這章節，我們即將邁入療癒之旅的新階段——回到當下，展望未來。

不過，在我們更深入這階段之前，我需要解說一下先前所提到的概念——「重新養育」自己，現在就是旅程中最完美的時機點，讓你學習掌控往後人生的走向，拾起孩童般的好奇心與學習慾望，並且發現自己可以有選擇性的回應任何事情，而不是任由創傷發作。

我一直認為很多人都選擇讓自己不開心，這讓我十分訝異。我使用「選擇」這個字眼是因為這往往都是自發性的決定。很多人，包括我在內，都會讓自己陷入自己明知會痛苦的事件之中。

我以前都會為了吃而吃，大量地攝取垃圾食物——我可以一下子就吃很多。這些食物最後都讓我作噁、不舒服，甚至情緒低落。最初我以為是因為自己本來就愛吃，然後又很無聊，但這樣的推論說不太通。

基於自己艱辛的童年，整天都有得吃算是一件非常奢侈的事。畢竟，小時候家裡並不富裕，有時候連正餐都吃不到。現在有飯吃不代表還會有下一餐，因此我永遠都準備好迎接飢餓感。而且，我母親時常教導我要把飯都吃完，這樣才能長得又高又壯。這聽起來並非是很悲慘的事情，你可能認為天下所有的父母都會這樣教自己的小孩，不過在我成長的環境下，即便身體已經在抗拒了，卻還是必須把飯吃完，這也帶給我莫大的壓力。

我確實想要變得又高又壯，這樣才能保護我的家人避免受到其他壞人的傷害，像是潛伏在附近的綁匪，或跟蹤我們回家的醉漢等，還有那些在半夜打電話來威脅要把我母親帶走的不知名陌生人，最後還有粗暴又有種族歧視的鄰居，每晚都喝得爛醉並且干擾我們。

生存對於我以及我家人而言是件可怕的事情。如果吃飯真的能夠讓我長得又高又壯，讓我可以保護他們，我就會一直吃，直到過量進食成為一種習慣。

因此，當我這幾年展開自己的療癒旅程時，透過自我覺察，我忽然找到我的「無聊式」過度進食的根源，因為我把某種信念帶入到我的日常中——因為我不知道是否會有下一餐的出現，所以當有食物的時候，我就必須盡量地吃。這舉動的背後是恐懼以及尋求生存的天性在驅動這種反應，而且從我童年時就深深地植入在我的腦海裡。

你值得讓自己做一些能夠振奮精神又能撫慰靈魂的事情，這條療癒之路並非全部都是荊棘。生命仍然是一個偉大、美好的歷程！你本就是奇蹟似的原子排列組合，是獨特的能量表達，並且注定要出現在此。

現實的後果就是導致肥胖、嗜睡以及對自己滿滿的失望。

很多人都會為了做某件事情而做，即便自己知道這很不健康或者根本不會改善自己的狀態，更不會質疑自己行為背後的理由。例如，我有一位幾年前曾一起共事的女同事，她向我傾訴她對前任男友的癡迷，這位前任是一位隱匿型的自戀狂，經常虐待她，導致她和前任在一起時很痛苦，但當前任不虐待、操縱她時，她卻反而感到空虛和無聊。對此，她對自己感到厭惡，也受夠自己一直反反覆覆地與他復合，不斷在這循環之中掙扎，渴望能夠打破這種關係。

後來我們才發現，她小時候也曾遇到一位會虐待她的照顧者，這創傷形成了她的世界觀，所以才會在伴侶關係中尋求強烈的情感動盪。這創傷將一個負面信念植入到她對自己的想法中，也就是為什麼這麼多人總是會在同一個情節之中起起伏伏，不斷上演同樣的戲碼。

她渴望這種被虐，就像是一種讓她上癮的毒藥，即使她知道這會一點一滴摧毀她的人生。易變的不穩定感才能讓她感覺自己還活著，所以她才會一而再、再而三地回到這男人身邊。矛盾的是，他是她生存的途徑。在這種情況下，這種限制性信念讓她認為暴力與虐待在關係之中是必要的存在，缺一不可。沒有它們，生活就沒有活著的感覺。

你很可能在我們所做過的練習之中，察覺到自己創傷的過往以及影響你現在人生的限制性信念。你有沒有開始發現負面行為背後的原由呢？還有那些你想擺脫卻擺脫不掉、時常讓你失望的習慣？

限制性信念並不會每一次都這麼明顯，有時候一些雞毛蒜皮的小事就能夠激起數年前所植入的信念。例如，我有位好朋友記得自己小時候被大人問到一個科學相關的問題，他以為自己知道答案，所以他說：「我知道！就是……」，把他認為的答案說了出來。這位提問的大人就當眾嘲笑他「厲害厲害」。他說，「但錯得太離譜了。不要隨便回答問題，除非你真的知道答案，不然就說你不知道就好了。」

這看似微不足道的簡短互動，讓我朋友這一輩子都不敢舉手回答問題，他一直都很沉默，因為如果他的回答沒有百分之百正確，他就會被別人嘲笑。但是，他是我認識中最聰明的一位友人，而且考慮也很周全，任何與他交談過的人都能從對話中受益。我也曾經在我們一對一的私下對話之中發現，他對任何主題總是能夠帶出不同的見解，但他卻都忍住不說，只聽他人發言，從不分享自己的知識與想法。

重新養育的力量

在所有我分享的例子中，以及所有在你童年時將一個限制性信念放入你世界觀的經歷中，這個名為「重新養育」的練習可能都會有所助益。

從小到大的經歷以及所有人所說出的話語，都會塑造出我們的思維模式，我們知道這些對自己的人生都有潛移默化的作用。有些有益無害，有些卻有害無益，後者會創造出阻礙我們的想法、情緒以及行為。它們無法給予我們力量，也無法幫助我們得到快樂。反之，我們會體驗到恐懼、缺乏安全感以及悲傷，讓我們一直感到痛苦。

你當然不需要對自己的童年遭遇負責，但你現在身為成年人，你需要擔負起改變它的責任。怪罪於過往的限制性信念並不能解決它，你必須尋求新的思考以及存在方式，請多練習這些新方法，直到新思維比舊信念更有真實感。

練習是關鍵，而重新養育是一個你能夠每天使用的工具。這技巧通常是傳授給父母親，因為這是一種在照顧孩子的同時也能夠照顧成人自己的方法，並解決自己的童年創傷，讓大人不用再傳承給孩子。但是，我認為這個方法不限於父母，而是所有人都能從中獲益。

《重新養育自己》的作者亞特．馬丁博士（Dr. Art Martin）在書中提出兒時曾被拒絕的經驗，會影響我們長大成人後面對某些狀況的反應[19]。療癒師凱瑟琳．泰勒（Cathryn Taylor）在《內在小孩練習手冊》也教導了類似的技巧，引導讀者重新養育自己的內在小孩，讓他們能夠療癒長期的羞恥感、憤怒和被遺棄的恐懼。

泰勒提出重新養育的六步驟，先要辨識自己的痛點以及來自於哪一段童年經歷，接著去感受這個痛點，取出它，最後釋放它，重新回到兒時純真的喜悅[20]。如果你對重新養育受過傷的「內在小孩」有所共鳴的話，我很推薦你閱讀這本書。不過，我會在這裡分享我自己的重新養育技巧，這也是受到泰勒、馬丁以及其他引導我走上療癒之路的思想家們所影響。

對我而言，重新養育本質上是重塑我們的學習能力。這讓我們樂於接受新的體

19 Martin, A. (2009).《重新養育自己：重新長大並找回失去的自我》RePArenting Yourself: Growing up Again; Recovering Your Lost Self. Personal Transformation Press.

20 Taylor, C. (1991).《內在小孩練習手冊：該如何面對揮之不去的過往》The Inner Child Workbook: What to do with your past when it just won't go away. Jeremy P. Tarcher/Putnam.

驗，並且有選擇性的將信念系統納入自己以及自己的生活，並且知道我們接受與放下的「只是一個經歷」而已。

所有的經歷，無論是好是壞，都能讓我們有所學習。但是，我們並不需要將所有的事件編織進自己對人生以及對自己的理解中。所有童年所接受的想法都會阻礙我們創造更有幫助的新信念，使我們陷入困境。

所有人都能受益

想像自己坐在幼時自己的身旁，你現在是一個大人，看向幼時自己的雙眼。你知道這孩子接下來會面對什麼，使他受到傷害，導致他在成長過程中受到阻礙。所以你必須對他說：「嘿！你所接收的，都不是真的！我能夠理解你為什麼深信不疑，我也知道放下並不容易。如果你需要大聲哭喊、尖叫都沒有關係，但這都不是真實的。要知道，你值得被愛，而且你很安全，也很棒，這些才是真的。」

有時候，重新養育的技巧只是簡單地用不同的方式重複與童年時的自己互動。你還記得我剛剛提到小時候回答問題後被大人嘲笑，那位沉默寡言的朋友嗎？他可以想像一下那天的孩子，然後讓自己做為一個成人。他可以做成人所應該做的事情，而不是嘲笑幼時的自己，讓那孩子覺得丟臉。他可以說：「這是很棒的答案！不過事實上，答案應該是這個，我可以理解你想表達的意思，你知道的答案也酷斃了！」

兩句使用不同措辭的話語足以改變我朋友當時對於分享錯誤答案的感受。當然，這是簡化版的重新養育技巧，不過即使簡化也很強大。你也可以這樣做，檢視一下自己限制性信念的清單，回到過往的記憶中，並且將這些記憶取出，在那些回憶中成為對自己說話的大人。你會採取什麼不同的做法？童年的自己需要如何被對待、需要什麼樣的回應？

這並非僅僅只是猜測。針對遭受嚴重創傷的兒童和成人，重新養育自己的技巧被公認是有效的治療療程[21]，也得到神經科學的支持。腦部影像研究指出，成人大腦仍然具有兒童大腦的可塑性，儘管程度較低。這意味著我們仍然有能力在我們的大腦中建立新的神經路徑或連接，而神經路徑是指神經系統的一部分與另一部分之間的連結。由於神經路徑具有「可塑性」，這代表它們會根據我們所遭受的經歷、思想和情

21 Willison, B. and Masson, R. (1990), 《成長失能學生之重新養育治療法》'Therapeutic Reparenting for the Developmentally Deprived Student': www.jstor.org/stable/23901240 [擷取日期：2021/1/2]

感而有所變化（變得更強、更弱、消失或發展出全新的路徑）[22]。

舉例來說，假設你經常告訴自己當你犯錯時就是毫無價值的人，你的大腦會創造出相對應的神經路徑，隨之而來的情緒與生理反應也會變得越來越自動。你會很快速且很容易就感受到自己是沒有價值的人。

然而，如果你試圖改變路徑，並開始努力告訴自己，每當犯錯時，你都在學習與成長，你就會開始建立（並且強化）一條成長的路徑。當你重複相同的回應幾次後就會變得越來越自然，甚至不需要思考，就能直接跳到這些反應。

透過重新養育所得到的新理解迴路，能削弱童年時所建立的負面連結，並且創造另一個較為強大的路徑，讓我們能夠用正面的態度去面對任何事情[23]。新的路徑是

22 Sharma, N., etal. (2013) 《神經可塑性及其功能性復原能力》'Neural plasticity and its contribution to functional recovery': www.ncbi.nlm.nih.gov/pmc/articles/PMC4880010 [擷取日期：2021/1/2]

23 Lee, A. (2018),《鏡子練習和親子關係的重建》'The Mirror Exercise and the Restructuring of the Parent-Child Relational Unit': www.tandfonline.com/doi/abs/10.1080/03621537.2018.1505117 [擷取日期：2020/6/28]

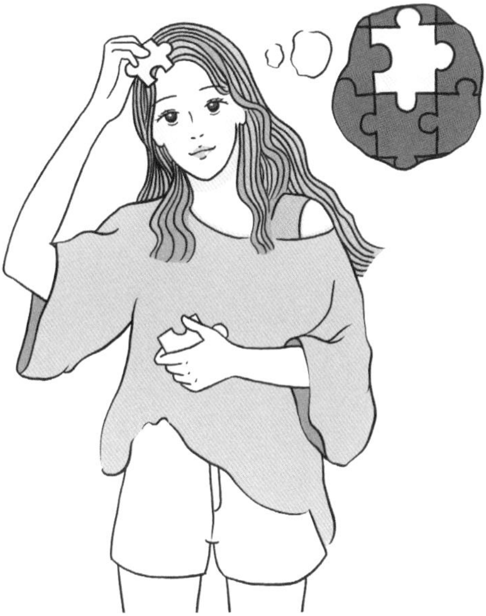

怪罪於過往的限制性信念並不能解決它，你必須尋求新的思考以及存在方式，多練習這些新方法，直到新思維比舊信念更有真實感。

建立在成年後的洞察力與知識上，而非童年時期我們從成人照顧者（難免也有缺陷）身上所吸收的錯誤信念。

順便一提，當你閱讀到這裡時，你其實已經開始重新養育自己了，因為這技巧基本上就是重新學習如何辨識以及滿足自己身為成人的需求。因此，你可以為此好好地感謝自己。

重新學習處理自身的需求並非是因為你的父母不好，或者父母不夠愛你，只是就如天下所有人一樣，父母也非完美的聖人。他們照顧你的方式也被自己的限制性信念以及過往經歷所影響，當時他們可能已經盡了最大努力，因此當你用愛與關懷滋養自己一直以來的需求時，並非是在汙辱自己的父母。

現在，讓我們來到下一個練習。

練習6：重新撰寫自己的限制性信念

在上一章節中，你列出了一張埋伏在自己潛意識許久，甚至是大半輩子都背負著的限制性信念清單（練習5）。有些信念很可能是從某些特定的創傷或悲慘的經歷中產生的，不過現在是重新改寫的時刻了！我指的是字面上的意思。

請回到你的限制性信念清單中，並選擇五段回憶。當回憶失去了情感負擔時，也就是當你想起這段回憶時不再有原本的激動反應時，請再增加三段回憶，用自己能接受的步調繼續檢視自己的清單。選擇在你生活中最常見的信念——那些左右你的決定、你的人際關係以及你在這個世界上生活方式的信念。選擇那些導致你有所懷疑並阻礙你去冒險的信念，因為你希望自己有足夠的勇氣去闖一闖。還可以選擇那些會在你想擁有的充滿愛與奔放的關係之間形成障礙的信念。

也許這些是你在列出回憶清單時花費最多時間的信念——因為它們讓你感覺最強烈。舉例來說，以下是我自己的一些限制性信念，透過這個練習，我已經盡我最大努力來重新改寫這些信念：

- 我無法掌握自己的未來，因為我的命運早已注定——而且看似充滿艱辛難行。

- 我在經濟上永遠都會是個窮人。
- 我這輩子永遠找不到真愛。
- 我沒有像其他人那樣的天賦或特殊才能。
- 就算我分享我的想法與意見，也沒有人會認真聽。

你可以選擇任何時間點開始做這個練習，可以在一天當中任何時間，只要能夠配合你自己的日程即可。不過如果可以的話，盡可能在睡前或者剛睡醒的時候進行這練習，因為神經科學指出，大腦在這些時候更容易被編改。這可能是因為當我們從清醒狀態轉變為睡眠狀態，或從睡眠狀態轉變為清醒狀態時，我們能夠體驗到Theta腦電波在我們的記憶和認知功能中發揮著關鍵作用[24]。

現代大腦影像研究已有對大腦狀態的紀錄以及分析，然而，在更早以前就已知這個時間對潛意識有重大的影響力。比如，藏傳佛教稱這轉換之間的狀態為「睡夢中陰（bardo of dreams）」，幾個世紀以來都以此作為冥想和清醒夢（又稱清明夢）事前準備的重要時間[25]。因此，如果你能夠在潛意識開放的時間編改你的信念，影響力將會更深遠、更快速。

光下改寫信念

拿起你的筆記本、一支筆還有一杯熱飲，讓自己安靜下來。

1. 請把選擇好的信念（可複選多項）寫在筆記本上。建議使用雙面空白的筆記本，先從左頁開始。
2. 朗誦自己所選擇的信念。當你念出每一條信念時，你可以詢問自己以下的問題：
   - 我為什麼這麼執著於這個信念這麼久？
   - 這信念能夠給予我的人生什麼價值？
   - 如果我從此不再相信這個信念，會發生什麼事？
3. 接著，在筆記本的右頁處，請你用全新的方式改寫每個信念，讓它們不再是

24 Zhang, H. and Jacobs, J. (2015),《在人類海馬迴傳遞Theta腦波》'Traveling Theta Waves in the Human Hippocampus':www.jneurosci.org/content/35/36/12477 [擷取日期：2020/5/14]

25 Cuevas, B.J. (2003),《西藏度亡經》The Hidden History of the Tibetan Book of the Dead. Oxford University Press USA, p.49.

限制性的，而是能夠提醒你，你有成長以及解脫的潛能。一旦你寫完後，全新的信念就會帶給你新的高頻率，從限制性的低頻率帶到充滿希望和療癒的高頻率。

舉我先前分享自己的限制性信念做為例子，現在改寫成更有力量的新信念：

- 我有選擇的能力，有能力去學習、成長。所以，我能夠創造自己的未來。
- 我擁有所需要的一切來創造一個充實、成功的職業生涯，並且賺取足夠的錢，讓我享受自己理想的生活方式。
- 我有能力愛別人，也值得被愛。我有能力建立一個以真愛為基礎的牢固關係。
- 我的經歷、我的內心都是獨一無二，我能夠自由地培養我的才能，讓自己在此生中作出最大的貢獻。
- 我的想法與意見都有價值，我有分享它們的自信心。

4. 將自己全部的注意力放在嶄新的信念上。想要做到這一點，你需要打造大量的證據，證明為什麼這些新信念對你來說是正確的。請仔細思考以下的問題，然後把答案寫在筆記本的新頁面上：

~我至今的人生中發生過什麼事情能支持這些新的信念？
~今天我可以做些什麼，來符合這個新的信念？
~如果這個新信念是我心中最深層的真理，我的行為、行動、溝通和感受會如何？

5. 最後一個是會一直持續下去的步驟。因為從現在開始，你需要經常提醒自己這些剛寫下的新信念，甚至每天提醒。另外還有很多能強化正面替代信念的方式：像是把信念寫在便條紙上，並將便條紙貼在衣櫥門口、汽車儀表板、冰箱、浴室鏡子等。你也可以用手機設下鬧鐘，將信念設為提醒話語。當你發現自己對一個限制性信念有情緒反應時，或者因此而採取某些行動、某些決定時，就拿出新的信念，並思考它如何激勵你去感受、行動以及選擇。

這些新的信念能夠幫助你：

・用簡單的方式重新養育自己——有些信念可能是小時候的自己希望當時的大人能夠告訴你的事情，不過你現在可以告訴自己，將新的信念融入自己的潛意識，就如早期所植入的限制性信念一樣。你現在是大人了。而智慧來自於你用明確的步驟回頭檢視及反思自己的人生及生活，這並不是所有人都能夠做到的事。

- 每當你注意到自己正在以原本潛意識中的舊信念行事或反應時，這能幫助你翻轉自己的觀點。當你感覺自己又陷入舊的循環模式時，請把新信念的清單拿出來，引導自己回到你的療癒之路。
- 激發學習新關係。以七體而言，這是心智體在發揮作用，這項練習能夠觸發智力以及對自我的研究能力。當這個能力處於完全流動狀態時，將讓你保持好奇心，並且為你正在進行的內在療癒旅程保有正向積極的動力。

當我重寫新改寫信念的清單後，我必須每天刻意去提醒自己。然而，隨著時間的流逝，它們已經變成了我的日常——當接觸越來越頻繁時，引導我走向新信念的神經路徑就會更強大，讓我能夠更輕易地相信新信念。

好奇心療法

你是否曾經覺得自己沒有學到任何東西？或者更嚴重地，你有沒有感覺自己對學習任何東西都提不起興趣呢？

這是恐懼或創傷的反應，是受到傷害的反應。

其實這樣的狀況不常發生。事實上，當你在經歷一個困難的事情後，你很可能會在短時間之內經歷相反的情形，你可能會得到一陣子的能量——因為有些不好的事情發生在你身上，你會希望透過新事物、新想法、新朋友、新技能來充實自己的生活，用快速、有效的方式重建自己。

最經典的例子就是分手後來個髮型大改造，或者經歷一場讓你傷心欲絕的事件後，使你立刻下定決心踏上冒險之旅，還有因為感到被家人拒絕，驅使你搬到一個新城市或移民到新的國家。但是之後……現實層面上的情緒就來了，而更持久的創傷便開始接管掌控。

當我們感到恐懼或受到傷害時，我們會想保持安全。我們的身體與大腦已經設定好迫使我們保護自己，只要是原始系統所承認的，我們就會堅持己見，用這樣的方式避免我們受到威脅。因為，未知的東西才更危險，是吧？

因此，我們蜷縮起來，變得內向，不會用反思的角度去看待事情，只是一味地退縮。這可能反映在我們生活中，像是不願意出去走走、不願意社交、不願意努力打扮自己、不願意好好照顧自己的身體，而這一切都與關閉好奇心和連結有著密切的關係。

我想澄清一下，好奇心並沒有害死貓。好奇心讓貓鍛鍊了牠的肌肉，磨練了牠的狩獵技巧，並讓貓有下一頓飯可以吃。

當我們的好奇心被情感創傷抹滅時，我們也失去了一些生命力。我們變得死氣沉沉，不僅僅是對其他人，對我們自己也是如此。外在的一切都讓我們感到無趣乏味，沒有什麼事情讓我們感到興奮，更沒有讓我們願意早起的價值，這反應是完全可以理解的。你會想繼續待在一個充滿威脅與痛苦的世界嗎？為何不把門關上，將一切都拒之門外呢？

儘管主動走到外面世界吸收所有來到身邊的新事物可能讓人很焦慮、害怕，然而社交連結對療癒來說是必不可少的一部分。當你帶著學習意願走向內心療癒之旅時，你可以進行以下的事情，就算有時候看起來像是一種胡鬧的玩耍：

- 為自己打開新的大門。有些門讓你卻步卻值得你打開，當你願意去探索門的另一邊時，你就可以創造一個充滿驚喜及潛能的嶄新世界。

- 找到接納自己情緒和經歷的新感受，而不是一直在想，我有多討厭那種感覺！試試看，我有這種感覺是很有趣的一件事情，我想知道如果我花一點時間在這些感覺上，我還能再深入了解什麼？
- 活到老，學到老。學習了解自己以及其他人，學習用新的方式看待事物，學習對事物做出新的反應，學習用新的方式與他人互動，學習有興趣的事物（即使它們與療癒沒有特別關係，單純因為學習是一種快樂的行為），學習如何照顧自己，學習如何無所畏懼地付出愛和接受愛……就這樣不斷地學習。
- 放下批判。如果你有好奇心，你會知道有不只一種觀點存在。因此，依照情緒或反應批判自己或他人顯然會適得其反。你會成為觀看自我的科學家，而不是批判家。
- 認識有趣、令人興奮的人。好奇心會立即讓精神為之一振，並將你與外界的所有無限潛力連結起來。處於低頻率、沉重狀態的人沒有好奇心，但是高頻、總是活力充沛，充滿生命力的人呢？他們對任何事情都充滿好奇心！任何事情！

相信過程

你還記得年輕的時候，對事物充滿好奇心是什麼感覺嗎？也許現在很難想起來，但請慢慢來，花點時間好好想一下。那時候的你對任何事情都很有求知慾，會一直問「為什麼？」問到身邊所有的大人都開始很沮喪地翻你白眼。

假如你用同樣開放的心態對待自己的內在療癒會怎麼樣呢？假如你現在對成為自己療癒師的能力感到好奇，會是如何呢？

繼續往下探索。問自己問題。如果可以的話，與他人討論如何從困境出走出來，修補好自己情感傷痛，用新的模式在人生中往前走吧！

與好奇心重新建立連結。尋求不同方式問為什麼？怎麼做？歡迎各種你接收到的答案，然後研究自己，但要記得保持善意，有意識地不去做批判，成為自己的觀察家。即便現在看起來不像，不過你現在確實正在做很偉大的事情。

我這邊要澄清一點：我並不是要你扔掉目前用來定義自己的一切，也不是要你成為另一個完全不同的人，或者徹底改變你的個性。

我絕對不是要你成為諷刺漫畫中配戴一堆馬拉佛珠的「療癒大師」，生活中只允許「良好的共鳴」，拒絕面對任何消極情緒。畢竟，正如我在我的第一本書中所述的那樣，我們所抵制的東西會永遠存在。

我邀請你提出問題，用不同的方式深入自己的內在——並非是要封閉自己，而是敞開心房，去迎接所有身為人類都會體驗到的各種情緒，並且擁抱任何美麗與哀愁經歷中所吸取到的教訓，這並不代表自己永遠不會害怕。事實上，你會經常害怕，因為敞開心房，決定帶著好奇心，意味著我們會更接近自己的脆弱，就像是握著一根繩子或被牢牢束縛著走在懸崖邊緣上。這讓我們走向未知，這樣我們才能發掘另一邊的景象。

每當我給予他人意見時，我往往會聽到這些話：

- 「說得比做得容易。」
- 「你不懂啦！」
- 「你當然能這樣說，又不是發生在你身上。」

老實說：我確實沒有過著想像中最糟糕、悲慘的生活，而且也沒有經歷過你的遭遇，任何事情用說得都比做得容易，所以我們絕不可能完全理解他人以及他們所走過的路，因為畢竟不是自己的人生。然而，就如其他人一樣，我們也是有過自己的起起伏伏，必須面對人生的艱難險阻，即便有些人的處境相較之下更為糟糕（或者客觀上看起來比其他人更糟）。

我所經歷的事情，特別是在我生命的早期，也可以算是慘不忍睹。儘管如此，無論你經歷過什麼事情，你和我很可能都有過類似的感受。我曾無數次想放棄自己的生命——因為我覺得人生真的不公平，或者上天故意要捉弄我。這聽起來會讓你感到很熟悉嗎？

這就是為什麼我很感謝自己悲慘的人生故事以及血淋淋的教訓。假設我沒有這麼多災多難，沒有受到這些創傷，我根本就不會有這些寫作的題材及靈感，也無法與現在的快樂有所比較了。正是因為有對比才能襯托出美好，讓我們能夠更注意並且珍惜這種時光。想像一下，如果我的一生都一帆風順，但仍感覺受到召喚要站出來給予人們建議並且支持他們的療癒工作，你還會跟我有所共鳴嗎？很可能不會。

沒有風風雨雨，沒有椎心之痛，我就無法將我在個人療癒之旅當中所學到的事情傳遞給大家。我處理自己心理健康和個人問題的方式，讓我能夠去指導他人如何處理他們自己的問題。所有致力於自我療癒的人最終也能夠療癒他人，即便他們沒有出書，他們的存在以及智慧也能夠傳遞給他周圍的人。

你必須相信這個過程會幫助你進步，你所經歷的一切都會幫助你成長——無論好事、壞事，所有的一切都是如此。低潮的時候，不用對自己太苛刻。如果你犯了成為受害者角色的錯誤，你確實就只能被視為受害者，用這樣的方式被對待。你只要盡自己所能地繼續向前走，這就夠了。

練習7：靜中思動冥想

這是一個簡短的冥想練習，能幫助你在旅途上能夠確實地回到當下。你已經重新修改了自己的限制性信念，所以現在的你擁有一組讓你精神振奮的賦能性信念讓你應用在生活上。這會是療癒練習中的核心部分，而你接下來的幾年都能夠一直重複練習。信念可能會有所變動（因為你也不斷地在改變），所以請接受所有變動的發生。就算某條信念已經不適用，也不用有所抗拒。你可以再重寫一次就好。

這是屬於你自己的旅程。允許自己的信念是有彈性的，是一種滾動式發展的宣言，在你需要的時候賜予你力量，並在最黑暗的時刻提醒你，自己有能力用不同的方式看待當下。

這項冥想練習能夠幫助你將重新修改好的信念融入自己的潛意識中，並將信念的意義吸收成為你個人的頻率。如果你認為一次就夠，就練習一次。如果你覺得感覺不錯，也可以定期做。如果你有重新改寫信念，記得要再做一次這項練習。

提醒自己，重新整合，重新練習。

由於這項練習有文字敘述，所以整個流程大約是十分鐘，不過如果你想要的話，也歡迎你繼續坐久一點。再讓我重複一次（因為真的真的很重要）——這是屬於你自己個人的旅程、個人的療癒，你可以用你的方式，不需要勉強自己配合任何人的期望或安排，更不用顧及到我。

一切可能性的冥想

請選擇一個在接下來十分鐘都不會受到干擾的空間。我自己個人喜歡在戶外進行這項練習，所以如果環境條件允許的話，你可以選擇花園、公園或是其他大自然中的小角落。佛陀在多年前就發現大樹是冥想的好夥伴。

1. 尋找一個讓自己最舒服自在的坐姿，只要自己喜歡就好——可以是跪姿，盤腿或者讓雙腳伸直，可以靠牆或靠在樹上，只要讓你毫不費力的姿勢都可以。你需要放鬆，讓你能夠專注於自己的內在狀態，別因為不舒服而不斷改變姿勢。如果你想坐在椅子或長椅上，這也沒問題。
2. 如果你感覺安心的話，可以閉上雙眼，也可以選擇睜開眼睛，用柔和的焦距看著前方幾英尺處。允許自己視線變得模糊，這樣才能讓眼睛也放鬆。如果你認為閉上雙眼更好的話，你可以先把步驟看完再完成這項練習：

～呼吸。首先，請先好好地做三次深呼吸，用鼻子吸氣，嘴巴吐氣。

～吸氣，然後慢慢地吐乾淨。接著，將雙手放在胸腔肋骨上，手指頭剛好可以碰到中心位置。

～將氣吸到兩手，擴張肋骨的前面，然後吐氣。

～將氣吸到右手，擴張胸腔的右側。然後吐氣。

～將氣吸到肋骨後面，擴張背部。然後吐氣。

～將氣吸到左手，擴張胸腔的左側。然後吐氣。

請再重覆這個循環呼吸一次，然後讓雙手自然地垂落在雙腳上。回復到自然呼吸，不需要刻意控制呼吸，觀察自己最自然的呼吸節奏，然後注意身體的感受。

3. 回想一下你改寫的所有新信念，它們整體的核心訊息是什麼？你想教導自己什麼？這是給你自己的嗎？也許核心的訊息，也就是貫穿所有信念的，很可能是你值得自己以及他人的愛。有可能是希望自己更堅強、有自信、有能力，或者未來的前景是光明無限大的。

低潮的時候，不用對自己太苛刻。如果你犯了成為受害者角色的錯誤，你確實就只能被視為受害者，用這樣的方式被對待。你只要盡自己所能地繼續向前走，這就夠了。

不用想得太複雜，只要讓這句話浮現在自己的腦海中。比如說：

- 「我允許自己愛與被愛。」
- 「我正發揮我的力量和信心。」
- 「未來的前景令我為之一振。」

4. 允許自己發自內心的微笑，一抹柔和、平靜的微笑。感受那些你已完成的練習中所得到的希望，給予自己愛，還有所有在這趟旅途中所克服的挑戰。另外，還有妳為了成為自己的療癒師所踏出的飛躍式步伐，在這完全屬於你自己的完美獨特角色中發揮你的力量。

5. 在這裡，再次輕柔地呼吸。最後，將手掌放在下腹部，感受雙手向內散發的溫暖，請給予自己更多的力量。注意自己身體核心持續的暖意。再次深呼吸，用鼻子深吸一口氣，然後從嘴裡吐出。

你已完成這項練習。在你認為可以的時候，打開自己的雙眼或者讓眼神再次聚焦。

Part 6

你是誰？

你的真我會被外在層層的經歷及期望所掩蓋，
但你永遠可以回去做真正的自己。

大家都會說「做自己」。

「你就做自己就好了，」他們都會這樣說「不用試圖成為其他人，就單純地做自己就好。」

或者，你可能會在靈性團體中聽到類似這樣的話：「與你最真實的本質重新連結」。我不會騙你，我應該在某些時候也說過類似的話，而我肯定會在這一章節後面再說一次。

不過，當你不太清楚自己是誰的時候，這些句子聽起來或許毫無意義。做自己究竟是什麼意思？什麼是自己最真的本質？又要怎樣才能找到自己的本質呢？

我更喜歡這樣提問：如果你從未受過傷，如果沒有其他人的存在，或沒有與你分享過他們對你的看法，你會是誰？你會有什麼感覺？你會怎麼做？

我知道，這也不是能簡單回答的問題。不過至少這樣很具體，至少能讓我們了解一些方向。這意味著，真正的你沒有痛苦、沒有恐懼、沒有傷口、沒有創傷。

我的意思不是說我們需要清除所有情感障礙，然後表現得彷彿一切都很幸福完美的樣子。我深信我們所遇見的挑戰都是我們力量的一部分，我們所經歷的困境塑造了如今的我們，包含我們的感受、我們的行為，這都是無法迴避掉的。即便我們完全接

如果你從未受過傷，如果沒有其他人的存在，或沒有與你分享過他們對你的看法，你會是誰？你會有什麼感覺？你會怎麼做？

受自己的創傷，能夠平靜地與傷口共處至今，我們仍然在適應中。我們已經收集了不同的訊息並且整合起來，就算是新的信念也都源自於舊有的限制性信念——這些都來自於我們的痛苦。

我們永遠會與傷害我們的人事物有所連結，而這也不一定是壞事。我們與創傷之間的連結會成為我們的力量，給予我們同理心，讓我們能夠支持他人，並讓我們了解自己所擁有的能力，也提醒我們欣賞平凡時刻的晶瑩透澈之美，因為我們經歷過更糟糕的時光。我們之所以能夠意識到當下的美好，是因為我們體驗過可怕的日子。

其實，我會請你想像從未受過傷害的自己會是怎麼樣，是讓你了解自己內在的能量。你的頻率振動會被你所經歷的事情、關係、互動、印象所衝擊，不過在內心深處的某個角落還是有一個完整的你（youness）穩定地嗡嗡作響。無論外在發生什麼事情，或者你處於受傷或康復的哪個階段，那穩定的嗡嗡聲一直會在。你可以把它想像成一種自然的平衡。

不平衡永遠都可以恢復到平衡的狀態，只要我們努力行動來重新回到平衡。這個行動其中一部分是我們先前做過的練習，掌控自己對任何事情的回應方式，以你自己真正想要的方式回應，而不是由創傷主導你的反應。

掌握自己選擇回應方式的權利

我們都知道創傷會說謊，而當恐懼與傷痛進駐到內心時，我們會衍生出一種保護自己的防衛機制。我們被觸發的反應是其中很重要的一部分，或許也是外界最容易看到的部分。

因此，我們不只必須教導自己進行自我療癒，也必須開始做選擇。每當我們被某個人事物觸發某種反應時，我們不要立即做出反應，而是暫停一下。先感謝觸發這種反應的人事物，因為他們讓我們看見自己內在需要被療癒的那一部分，並且選擇用自己希望的方式回應對方。

先前你所寫好的新信念這時就可以派上用場了。當你認為自己快要控制不住，覺得自己會用舊有的模式或限制性的理解能力回應某件事情時，可以把焦距放在新信念上。提醒自己是如何改變觀點——你之前就已經做到了，因此即使是在緊張的時刻，你也肯定能夠再次做到。

思想領袖與作家唐．米蓋爾．魯伊茲（Don Miguel Ruiz）在他的著作《讓夢想覺醒的四項約定》中，提供了古文明墨西哥托爾特克人精神智慧的行為準則，在第二項約定中指出我們不應該把任何事情過於個人化，好像事情都是針對自己而來[26]。當然，這又是另一個說起來容易，做起來難的事情，我懂。但是，那些試圖貶低我們的人，他們的行為舉止只是在突顯他們自己的性格以及對世界的看法，而不是針對我們。所有企圖傷害外在世界的人，內心世界一定也是傷痕累累。你只需要付出自己所擁有的即可——無論是字面上，還是能量上的意思。

你可以想像一下自己在滑社交媒體的頁面，看到一張圖片或一段文字觸發了你情緒上的波動，然後對他人的行為或言語做出了反應。這時，因為當下你經歷的感受可能是憤怒、忌妒、沒安全感或失望等，而導致你的振動頻率降低。痛楚再次赤裸裸地浮現，而為了保護自己不受到傷害，你使用攻擊性言語回應對方，並且在留言中表達自己的痛恨——換句話說，你似乎是在對張貼文章的人冷嘲熱諷一番，而這個舉動也顯示出了自己還未療癒的傷口。

就像是有人看到你與伴侶的照片後告訴你，你太醜了配不上你的伴侶。你們倆的

26 Miguel Ruiz, D. (2018),《讓夢想覺醒的四項約定》The Four Agreements: A Practical Guide to Personal Freedom,Amber-Allen Publishing, Inc.

那些試圖貶低我們的人，他們的行為舉止只是在突顯他們自己的性格以及對世界的看法，而不是針對我們。所有企圖傷害外在世界的人，內心世界一定也是傷痕累累。你只需要付出自己所擁有的即可——無論是字面上，還是能量上的意思。

照片不只觸發了對方的反應，他的留言也觸發了你的反應機制，對方讓你質疑自己、讓你感到自己不夠好。這些信念都是源自於恐懼。對自己有足夠的安全感，並且清楚自己價值的人，對這種特殊意見的挑釁會覺得不痛不癢。

以短期目標而言，你可以先為自己設下界限來管理自己的反應。例如，你可以與自己約定好，當情緒被觸發時，你會給自己一小段沉澱、平靜的時間，然後慢慢思考自己真正想要做出什麼反應——而不是在當下馬上做出反應。

這樣至少能使你免於成為潛在尷尬的網路酸民，而在面對面的情況下，也能夠防止你在任何對你而言很重要的關係中引發衝突。

重新設定大腦

以長期的解決方法而言，你可以繼續進行書中的練習，依照書上的引導練習，通過這些書頁彷彿旅行一樣。這會讓你重新調整自己的大腦，並且學習賦能性的新信念。不只是學習，而是要將它們融入自己的潛意識中，成為能量流的一部分。你需要一而再、再而三地重複這些新信念，強化連結的神經路徑，使你能夠輕鬆並且自然地相信它們。

所以，每當外在觸發你的情緒反應時，請將其視為自己成長的機會。或者更具體來說（雖然我不了解你的狀況，但我更喜歡具體而非模糊的建議），把它做為一個有意識地強化神經路徑的機會，加深嶄新的賦能及療癒的信念。

這要如何才能做到呢？那就是讓自己暫停一下。與其當下立即做出反應，你可以反問自己，是哪一個限制性信念與你的這個反應以及你正經歷的強烈情緒有最密切的關聯？究竟是什麼事情驅使你產生這樣的感覺？為什麼你會有迫切想要猛烈反擊，或者證明觸發你反應的人是錯的？接著，提醒自己與這反應有最直接關聯的新信念。

還記得先前我有跟大家分享過，讓我陷入低潮的分手事件嗎？我有提到當時其中一個反應是憎恨全世界的女性，這是非常不理性的。有一位女性傷害了我，而我受傷的自尊和情緒卻將這事件轉譯成我的痛苦是由所有女性所造成的。現在，我完全意識到自己錯得離譜，以及對此性別有多麼不公平。然而，那確實是我當下的感受，這是我的防衛性反應，而且讓我感覺強大。

那並非是真正的我，也絕對不是我想成為的人。但是，有一段時期，我對所有女性都充滿防衛心，也用非理性的態度對待她們。當我遇到以充滿自信的方式表現自己的女性，或者以權威性的方式討論感情關係的女性時。我會做出很不屑一顧的反應

（通常不是直接對著她，而是在我自己腦海中對著其他人）。

我腦海中會想：她絕對很愛操縱其他人，她只是在利用自己的女人味來利用男人。她才不會在乎平等的關係——她這樣說只是為了得到她想要的東西而已。

當我冷靜下來後，我猜當時的限制性信念是：所有的女人都希望我上鉤，或者希望男人們都上鉤。之後，當我逐漸能夠有意識地接納自己的過往，並且承認限制性信念的存在時，我重新改寫了這個信念。新的信念是：我知道我能夠與體貼、聰明、善良並且真實的女人享有充滿愛與關懷的感情關係。

因此，我將這個新信念應用在我與朋友還有與妻子的關係上。每當我感覺自己快要與某些女性起衝突，我可以感受到舊信念正要冒出來時，我便會停下來，並且用新的信念取代舊信念。我會提醒自己，我可以擁有充滿愛與關懷的感情關係。那些女性並非是要我上鉤，她們跟我一樣也是一般人，擁有自己的感受、想法、恐懼以及渴望。

這會花上一點時間，我會重複這個過程，但每當我能夠冷靜下來時，我就是在強化帶領我走向新信念的神經路徑，直到我再也不需要提醒自己——因為它已經成為我內化的信念了。所以，現在當我遇到會觸發我強烈反應的女性時，或者我與妻子或女性友人產生爭執時，我不會再想：因為她是女人，就是愛操縱別人，要我上鉤。她不誠實，所以我不能相信她所說的一切。我反而只會將這當作是一個人與另一個人之間的互動來處理。

當然，我本來就應該如此，不過在那段感情和分手的時候，讓我無法覺察到自己源自於恐懼的反應，因為它當時已經成為我信念系統的一部分。

這個例子可以讓大家看到療癒旅程如何幫助我重新與真正的自己連結起來，而不是不自覺地讓創傷掌控我成為另一個人，這只是其中一個例子而已。你的療癒旅程也會對你有相同的效果。當你越能夠把重新改寫的新信念融入自己的生活時，大腦的路徑就會更強大，而你也會越能夠做真正的自己。

你不會再相信傷痛所告訴你的謊言，因為你很確定自己要什麼，你會發展出質疑外在事物的能力，並且保持好奇心，而且知道永遠都有另一種方式來看待事物。

你永遠都在

在瑜伽哲學中，真我（true Self）始終存在，這是每一個人都擁有的中心點。在古印度《奧義書》中，它被稱為阿特曼（Atman），基本上就是大寫字母 S 的自我（Self）。真正的自我是我們每一個人與萬物永恆相連的部分：宇宙、神性、宇宙意識，或者看你想怎麼形容「萬有的存在（everythingness）」。我們都始於同樣的事物，也終究會回歸到相同的事物。

我有一位吠檀多不二論（Advaita Vedanta）的老師，這是一個專注於自我實現的印度教哲學非二元學派。他曾經用一個故事來解說這個真我，我不確定故事的源頭來自哪裡，不過我認為這個故事應該被不同人用不同的方式相傳下去。所以，這是我分享給大家以及分享給你的版本。

兩道海浪衝向岸邊。第一個海浪很焦慮，它很煩躁，用每小時一百英里的速度思考即將發生的事情，包括：

當我到達岸邊時一切就結束了，我會分散，進而結束我的生命。

我想放慢腳步，但我不能——我的衝勁只能向前邁進，我無法阻止自己。

真正的自我是我們每一個人與萬物永恆相連的部分：宇宙、神性、宇宙意識，或者看你想怎麼形容「萬有的存在」。我們都始於同樣的事物，也終究會回歸到相同的事物。

另外一個海浪比我大。我希望我也更能夠成為更大的浪。

而且它也比我快——我不夠好。

我很害怕！我不想要這樣！我想讓這一切都停止！

我想成為更長久的海浪——因為還有那麼多體驗等著我！

充滿壓力並且驚慌失措的海浪無法享受衝向岸邊的體驗，它看不見旅途的美，因為它擔心結束，擔心所有失誤的可能，以及不斷想要掌控或者改變情況。

第二道海浪比較心平氣和，它也以同樣地速度衝向岸邊，畢竟浪潮不都該是如此嗎？不過，它一點也不害怕。它這樣想：

這是一個美好的人生。

我很高興在這短暫時刻裡生為一道海浪。

當我衝向岸邊時，我不會分離也不會死亡。我只是回到海洋的懷抱中。

我來自海洋，也會回歸於海洋。

這就是我，我就是這樣。

我注定如此。

第二道海浪與平穩、平靜、甚至幸福（請原諒我使用這樣的字眼）的真我合而為一。相反地，第一道海浪則不是這樣，它被成為海浪後的印象所干擾，害怕自己失去海浪的狀態，因此無法注意或享受到當下成為海浪有多麼美好。

你就是海浪，而整個宇宙是你的大海。如果你內心平靜，並且與真我合而為一，你就可以感到祥和，並且與宇宙的能量連結在一起，因為你的頻率震動已與整個宇宙的能量調頻。你不會被人生中所吸收到的想法或經歷分心或者傷害，因為你處於自己的中心點，你知道自己很平穩、快樂、平靜。

真我永遠都存在。你永遠都可以回到這個平衡點。

練習8：覺察當下的真我

與真正的自己或與自己的中心點建立連結並非是一夕之間就能達成的事情。而且這種連結與意識到真正自己的感覺會來來去去，除非你是和尚，每天可以花超過十二個小時以上的時間靜坐冥想，但這對大多數的人其實既不實際也沒有吸引力。

我相信你絕對能成長，並且感受到表面之下真我的存在。你知道真我一直安穩地在那裡，你也知道如何走向他。然而，在忙碌的現代社會中，日常生活的想法、經歷和壓力一次又一次地使我們遠離真實的本性。因此，當我們致力於療癒和成長時，需要一次又一次地重回真實的自己，這也是我們練習中的一部分。

這是本章節兩個簡短的冥想練習中的第一個，你將會使用意識以及肯定語來練習在自我內在扎根。這兩個練習都會使用本書迄今所學習到的技巧以及覺察力——不用擔心，你不會感覺手足無措。而且這兩個練習能快速讓你回到當下，並且進入你內心的真相。

不過，你必須先完成第一個冥想練習，再做下一個，所以請抗拒誘惑，不要直接跳到下一個練習。這是一個需要我們慢慢來的遊戲——真正的內在自由是沒有任何捷徑的。

就如其他我所分享的冥想練習一樣，只要感覺對了，你永遠可以隨時重複這項練習。這是一個能夠幫助你覺察自己進展的冥想。當你第一次進行的時候，或許會覺得難以回答其中的問題。不過，當你在療癒之路上越走越遠時，你會越容易辨識真我的模樣。

覺察當下真相的冥想

你可以隨時做這個練習，這對克服困境時的焦慮以及恐懼特別有用，因為這會幫助你回到當下，並允許自己對當下浮現在腦海中的想法提出質疑，而不是帶著批判。

1. 找一個讓自己最舒服自在的坐姿，並且在接下來的十分鐘都不要受到干擾。
   你知道該怎麼做！
2. 將雙手放在胸前，用輕鬆、自然的節奏呼吸，感受胸腔的起伏。如果你覺得閉上雙眼會讓你比較舒服的話，你可以這麼做，也可以選擇張開雙眼，將目光焦聚放柔。如果你認為閉上雙眼比較好的話，請在開始前先把步驟閱讀幾遍。

3. 把意識放到腳下的地面以及所有與地面（或者椅子、座墊、任何你所坐的東西）有所連結的身體部位。允許自己透過這些連結回到當下，你的坐骨是穩定地處於地板／椅子之上。拉高你的脊椎，汲取地球上的能量。

4. 意識到自己在這裡，在這個地方，在此時此刻。注意是否聽到房外的任何聲音。你不需要多做什麼，注意即可。允許聲音的存在。

接著，將注意力放到屋內的聲音。你同樣也不需要做什麼，只要注意就好。

注意是否可以聽見身體裡的聲音，可能是輕柔的呼吸聲，或者更細微的聲音。

利用聆聽聲音的過程讓自己的意識回到這個地方，在這個當下，在此時此刻。

5. 接著，思考一下這個問題：在此時此刻，你的真實是什麼？

安靜地在腦海中回答這個問題，不需要為了說出「正確」答案而感到有壓力，只要你認為是對的答案就可以了。

你可以從自己的感受開始，你確實可以感受到自己身體與你身體底下物品之間的連結。

你確實可以感受到自己的呼吸起伏。

你確實正在療癒。

然後繼續下去，讓它成為你獨一無二的體驗，即便你對自己的認知並非都是正面的，你也不需要批判任何浮現於腦海中的念頭，無論是好的、壞的想法，請允許所有想法存在。

當有負面信念出現時，允許自己質疑它。為什麼它會是真的？為什麼它不會是真的？

你認為關於自己的真相為何呢？

6.

當你回答完這個問題後，請將意識回到自己的呼吸上，用雙手去感受胸腔的起伏。感受自己的脊柱如何在每次吸氣時略微伸展，然後在每次吐氣時逐漸放鬆。

現在，我邀請你說出以下的肯定語，你可以大聲地唸出來（只要你認為這樣做很自在），也可以在腦海中默念。感受這個當下，並且將注意力放在每一個字上，喚起你內心、頭腦和身體的所有力量，使肯定語更有目的和意義：

我確實地走過此時此刻，並享受我今生的自由。

7. 從手掌心傳遞溫暖、友善的能量到你的內心，此刻你會感受到愛與祥和。

你做得很棒！結束這一回，繼續前進。

你的未來會不一樣

有另外一件讓我們苦不堪言的事情，是恐懼讓我們相信人生永遠無法改變，我們不斷為自己創造出創傷的敘事。這件事發生在我身上，下一件事又發生在我身上，然後還有下一件，所以我現在只是在等待下一件可怕的事發生在我身上。這就是我的人生。我永遠無法感到快樂或平靜，因為我的人生注定會有更多悲慘的日子。

事實上，這是一個自我實現的預言。假如我們預期有更多創傷發生時，我們必須更謹慎，因為也許我們會刻意追求創傷的發生，即使當下我們沒有意識到自己會這樣。因此，我們就陷入了一個被傷害，然後等待傷害，被傷害然後又預期更多傷害的循環。並沒太多的空間等待幸福與成長到來，對吧？

在我們所選擇的感情關係中最容易看到這種循環。許多不合適的情侶往往會靠著痛苦中尋求舒適感的悖論相互依存，有一半的情侶會從自己伴侶身上尋找自己的身分歸屬感，所以少了「另一半」時，他們的自我形象就會破碎。

有些人不知道自己究竟是誰，也不知道如果少了另一半，自己的人生會是如何。

不過請不要誤會我的意思，這都是可以改變的——如果你的內心正在吶喊「這就是我啊！」表示你已經在困境中找尋出路了。但是，身分是一個人的記憶和想像力的結合。

大家都認為現在的假象就是終極的真相。沒有人意識到自己是透過過去與未來的濾鏡（更準確來說，是自己對過去與未來的看法）所創造出的假象，而現在的濾鏡是被這兩個僅存在於心理結構的部分所扭曲。在物理層面上並沒有過去和未來的存在，但我們時不時地會前往這兩個地方，向自己展示當前感情關係的「事實證據」，或者用來解釋我們當下的行動和決定。

當然，如果我們正在追求正面的思維轉變時，過去對我們是有益的，像是能回憶我們所做過的美好事物。還有，任何未來的心理空間都可以通過被賦權的想法來體現改變——例如，透過觀想（visualization）的方式，後面我們很快就會談到了。儘管如此，一個人今日當下的行為，而非過往的行為，最終會決定他們在旅途中的位置，以及是否真心對待你們之間的關係。你會在自己面前或者內心找到答案，答案不會在你身後或者遠方。

過往的所作所為和承諾並非是當下狀態的倒影，不過確實是有幫助到當下狀態的形成（要記住，我們當下的狀態是根據過往的模式表現出來的），而一層層扭曲的感知會掩蓋住最終的真相。

當你意識自己愛一個人的回憶勝過那個人時，可能會讓你感到不舒服，甚至有些痛苦，因為保護自己、支撐自己的假象正在被摧毀。不過，這也是遠離不健康依戀關係的第一步，讓你能夠走向療癒，為自己打開一段更美好的關係，一個建立於愛與尊重的關係，並且擁有光明的未來。

摧毀假象雖然看似艱難，卻也是通往更偉大、更真實未來的途徑。無論是針對各種感情關係模式，還是創傷性的重複循環，這個問題總是一個有用的起點：如果你從未受傷過，你會怎麼做呢？假如你認為未受傷的自己會做出不一樣的選擇，像是離開這段關係、這份工作、狀況、循環等……那麼，其實你知道該怎麼做。

你現下的狀況並無法反映你真實的身份，或許現在的狀況與第一個波浪一樣，是基於一種恐懼——害怕眼前過於美好、害怕自己不夠好、害怕別人比自己更好，而你正在橫衝直撞，奔向你不想承接的事情。所以，換個方式吧！第二個波浪會怎麼選擇呢？

練習9：承認你希望在未來成為真實的自己

這是我們第一個全面性的觀想練習。其實，我把這個練習留到現在，是因為不同人會有不一樣的觀想方式，而在療癒旅途當中，如果你還不熟悉與自己的身體、身心以及當下同在，這練習會讓你覺得稍許吃力。

不過現在你已經有相當的熟悉度了。我們清理了過往，也接觸過自己有形的「身體」，從生理的肉身體到心智體。現在，我們可以面對自己更精微的部分。

所有療癒的過程都會有轉化的效果。從我的角度來看，對那些還未跳入過往痛苦回憶壕溝做清理的人來說，我知道這很不容易，也不會特別感到興奮。不過，將真我做未來觀想的投射很可能是最好玩的部分，因為這裡的可能性無限大。你不需要在框線內做塗鴉，你可以幻想自己真心所想要的任何事物、一切事物，然後讓你心想事成、美夢成真，就在幾分鐘之間。

其神奇之處在於，雖然在實務上或者外在世界上並非是「真實存在」，然而你的潛意識以及能量振動無法區分你在思維中創造出來的景象和你從外部世界所吸收的景象[27]。所以當你沉浸於「未來真我觀想」中時，你所創造出來的能量和潛意識印象會顯現在你真實的生活當中。

這會有兩個作用：

1. 觀想會將你的希望及渴望深深地植入你的潛意識裡。在某種程度上，這意味著你將自然而然開始努力實現觀想景色中的元素，所以某種層面上，你的內在也相信這將成為現實。我在我第一本書當中有描述這個概念，基本上你的行為舉止、你所做出的決定、你所採取的行動都會讓未來產生轉變，使你未來的藍圖更有可能實現。
2. 你的頻率振動會跟未來真我觀想的能量維持一致，你所散發出的能量與你在未來所散發的能量都會是相同的，過著你夢想中的生活，以你最渴望的方式做自己。

如果在你的觀想練習中，你充滿自信、冷靜、受人尊敬，並且對過去所發生的一

27 Pearson, J., et al. (2015),《心理意象：功效機制和臨床應用》'Mental Imagery: Functional Mechanisms and Clinical Applications':www.ncbi.nlm.nih.gov/pmc/articles/PMC4595480 [擷取日期：2020/03/16]

切感到和諧，那麼你就會在同樣的頻率上振動。將這個能量投射到宇宙中，你所給予的一切也將回到你自己身上。

這是在物理層面上的作用。正如作家兼研究員喬．迪斯本札博士（Dr. Joe Dispenza）所述：「在我們還未體驗到贏得比賽、樂透或者獲得晉升的情緒之前，我們不需要贏得比賽、樂透或者獲得晉升。請記住，我們可以僅透過思想來創造情緒，可以在身處某種環境之前就體驗到快樂或感激，來讓身體相信自己已經處於某種事情之中。於是我們就能向自己的基因發出訊號，製造出新的蛋白質來改變身體，領先於當下的環境。」[28]

因此，這項練習是我們療癒過程中不可或缺的一個強大部分。它會以全新的方式深入探索自我的精微之處；而且最重要的是，你是在做好充分準備後才進行這項練習的，你已經擁有足夠的基礎，能在旅程之中順利前行。

28 Dispenza, J. (2012), 《未來預演：啟動你的量子改變》Breaking the Habit of Being Yourself: How to Lose Your Mind and Create a New One. Hay House, Inc. p.80.

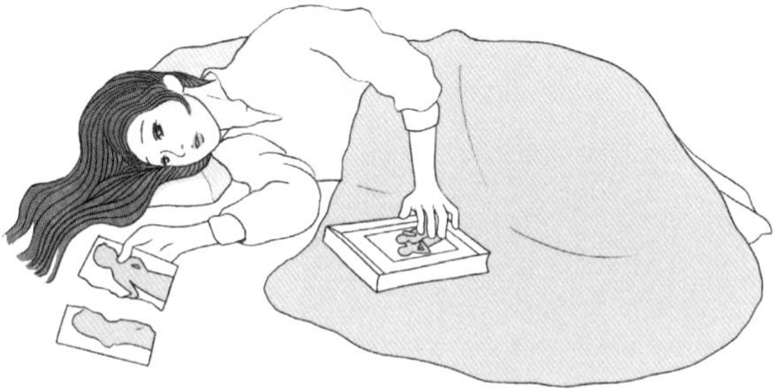

當你意識自己愛一個人的回憶勝過那個人時，可能會讓你感到不舒服，甚至有些痛苦，因為保護自己、支撐自己的假象正在被摧毀。不過，這也是遠離不健康依戀關係的第一步，讓你能夠走向療癒。

大膽地做夢

在這項練習中，你可以用原本舒服的坐姿或者平躺下來進行。在一天結束，要上床休息之前進行，也會是不錯的時機點，然後慢慢地進入夢鄉——這會讓觀想內容更深入潛意識，在夢中留下深刻的印象。

1. 以你偏好的姿勢安頓好。閉上雙眼，或者保持眼睛睜開，把焦距放柔。如果你覺得閉上雙眼比較舒服的話，請先將步驟閱讀幾遍再開始做。

先深呼吸一次，想像這股氣流向你全身的每個細胞。呼吸將氣吸到你的指尖、腳趾還有頭頂，然後閉住呼吸幾秒鐘，再緩慢地吐氣。接著，讓自己回到輕鬆、自然的呼吸節奏，不用特別控制它，也不需要努力用某種方式呼吸。

2. 還記得我們先前所做的身體掃描，也就是這本書的第一個練習嗎？現在，請用相似的覺察意識放在身體上，不需要掃描到每個部位，不過如果你有時間，也想這麼做的話，歡迎你進行深度的掃描。重點是，最後要將意識放在整個身體上，這是一個完整、完美並且和諧的生命體，一切都連結在一起。

你的注意力完全放在自己的身體上。

在此處、此時，將自己沉浸在全然地靜止、安穩中。

3. 接著，將意識放在自己的思想上。注意自己大腦的動向，讓思緒經過並停留片刻，然後再讓它通過。任何想法都沒有好壞之分，所以你無須批判。允許所有想法存在，然後釋放它。

4. 現在你可以開始控制你的思緒。想像一下五年後的自己，想像你真的在那裡——在腦海中建立你的形象，你的真實面。

～五年過去了，你一直專注在良善、有意義的療癒之旅上，你已經釋放掉那些痛苦的記憶，讓原本壓抑的苦痛重見天日。你為這些苦澀悲慟消沉過，你為從未處理這些痛苦的自己而感傷，但你也都一一接受。

～在這五年之中，你與真實自我的連結越來越強大，並且能夠清楚地意識到自己的限制性信念以及模式，你已經有所改變了。應該是說，你回到了一個平衡點。你不是變成另一個人——你還是同樣的你，只是不再強迫自己背負著過往的傷痛。

～你不再有沉重的心情。

～你是自由的，你已經被療癒了。

～在這樣的狀態下，你的生命已經開始改變。你已經完成了所有夢寐以求的夢想，建立起牢固、充滿愛及滿足的關係。你感覺到自己很完整。

～觀想自己在這個時間點，也就是五年後的今天，彷彿真的就在那裡。

～觀察自己在哪裡、擁有什麼，還有你的感覺如何。

～盡你所能地觀想一切的細節，可能是自己所穿的衣服、你使用的肢體語言、周遭的人。注意自己在生活中處於什麼位置——想像你正在做的工作、你所居住的房子，任何對你來說很重要的事物。

～你在這裡不只是創造一幅畫，而是創造整個場景。將你的感官感受也加進去。你在哪裡？這裡聞起來氣味如何？你的周遭有什麼物品？它們給你什麼感受？你可以聽到什麼、品嚐到什麼味道？

～這是一個美好的時刻，而且會越來越好，甚至會感覺到很療癒，這一切都是你的。擁抱你內在所有的想像力，將它召喚出來，任何方式都是對的，不會有錯誤。

～例如，如果你覺得自己克服了所有的創傷與恐懼後，就能夠打造完美的關係，那麼請觀想自己與這位伴侶在一起。他此時與你同在，你可以感受他的手臂還抱著自己，感受他的氣味，並且望向他眼睛的深處，而他也正看著你。

～如果你認為自己在未來需要擁有一個特定的房子、外表，或一種特定的生活方式，請將這些都放到你的觀想場景之中。此時的你不受限，也沒有任何批判。這完全是屬於你自己的觀想。

～在此時此刻，現在五年後的你。

5\. 請細細品嚐你現下感受到的完整性。

不用擔心夢想遙不可及，這完全不要重要。這項練習就像是在試穿你的未來。讓你感受當你努力投入內在療癒時，裡頭就會充滿無限的可能性和潛力，為自己見證這條路是否值得去探索。

6\. 然後，隨著自己的節奏，再次回到觀察自己的呼吸，注意呼吸的律動、呼吸的長度、呼吸的深度。

輕柔並且慢慢回到當下。告訴自己的身體，我們回到此刻和此處。

你已經完成了這項練習，也開始意識到真我所渴望的未來，而且你已經啟動了實現一切的可能。

Part 7

點燃你的火焰！

自我照顧將點燃你的力量，讓你與宇宙體連結。

你的內心有一把火。就像是一個不斷燃燒的燈，可以保護你的安全，它的溫度足以燒盡所有傷害你的東西，燒掉所有不需要的事物。

你的內在之火讓你保有安全感，就如同你的恐懼一樣想讓你保有安全感。但恐懼無法讓你安全，因為它會說謊、它無能為力、它是有偏見的。恐懼只會來自於發生在你身上最糟糕的事情——它無法理解所有迷人的可能性。恐懼無法想像無所畏懼的感受，它只知道生活最糟糕的一面。

不過，你的內在之火懂。它知道恐懼是位有價值的朋友——你可以從它身上學習，它所知道的所有秘密都值得傾聽。但也知道恐懼永遠都不是一位好的領導者。儘管如此，你的內在之火還是歡迎恐懼的到來並幫助它，避免它將你拖入最壞的狀況中。它知道恐懼往往是不誠實或錯誤的，而且會希望你盡可能地遠離各種不確定或難以理解的事情。

你的內在之火明白在所有未知下都藏有不同的可能性。

但是，有時候我們的創傷會澆熄內在之火。我們有過多的情緒與傷痛——當然，還有恐懼。我們負荷過重，難以承受，所以我們會遠離這把火，讓它冷卻，只留下零星的閃爍。

現在，讓我們來好好照顧這個內在之火，重新與你原本就擁有的力量建立連結，將所有生命中的障礙用這把火燒毀。這並非是摧毀性的火焰，這是你內在療癒、內在力量以及真正力量的火焰。

好好照顧自己

自我照顧是提高頻率不可或缺的一部分，但是請記得，這照顧包括自己的身、心、靈，或者就如我前面章節所提到的各種不同的七體。我們許多人都忽略了療癒工作需要讓心靈茁壯成長，雖然我們說用正面、賦能的話語取代負面思考是可以的，像是將我無法做到的轉變成我之前做過的，然後我就能再次做到。然而，如果你內心有潛在的悲傷、憤怒或者恐懼的感覺，你必須先重新設定你的思維。

你必須要轉化自己的情緒，而非用正面思考的話術來掩蓋，這樣對你的狀態無法產生任何改變。不過，你已經在挖掘影響你日常的信念，以及身陷困境時所感受到的信念，你已經在轉化的過程中。你必須針對這些信念來做處置。

將自我照顧的做法以及技巧納入日常生活之中這點很重要（我的第一本書裡有許多有效的自我照顧練習）。你或許已經找到適合自己的方式，也對它十分熟練，或者也有可能對目前的你來說是完全陌生的方式，但你必須要自己嘗試過才知道哪一種最適合自己。

我們已經經歷過一些能改變途徑的練習，而現在我希望你能夠花一點時間來探索

你必須要轉化自己的情緒，而非用正面思考的話術來掩蓋，這樣對你的狀態無法產生任何改變。不過，你已經在挖掘影響你日常的信念，以及身陷困境時所感受到的信念，你已經在轉化的過程中。你必須針對這些信念來做處置。

自我滋養的方式，這可以是透過簡單的日常工作／練習來達到，像是寫日記、冥想、肯定語、情緒釋放技巧（EFT）、觀想以及呼吸練習。不用擔心，你不需要進行所有的項目——你只是要知道哪些對自己比較有效，然後將它納入自己的生活中就可以了。

無論面前的景色如何，如果我們感知外界的鏡頭出現裂痕，往外看的視野絕對會不同，也無法感覺到應有的美好。自我照顧是一個簡單的方法，用黃金填滿這些裂痕，彌補原本的不完美。

練習10：打造一個自我照顧的程序

你可能會好奇為什麼這項練習沒有在這本書前面出現，就如我在第三章有提到，自我照顧對療癒是不可或缺的一部分。如果我們沒有好好照顧自己，沒有感覺到美好、內在中心以及滋養，都會讓我們無法得以療癒。

儘管如此，我希望你在療癒過程後期，也就是現在，開始打造屬於你的自我照顧程序；因為在這個時間點上，如果你明白自己需要什麼、有什麼感受，會更能輕鬆建立自我照顧的習慣。我們到目前為止做了這麼多的練習，你現在已經可以坦然地知道什麼對你而言是有用的。

這項練習有一些基本的技巧能夠幫助每一個人，但自我照護的程序會因人而異，並非所有人都一樣。有些人可能只要洗個熱水澡、喝一杯熱茶或者按摩，就能夠有煥然一新的感受，但也有些人可能需要藉由嚴厲的鍛鍊以及冷水澡來感受淨化的感覺，以及讓自己準備好面對未來的一切。

一開始的時候，你對於自我照顧的理解應該只停留在肉身體，但現在看到這邊後，你其實還知道有另外六個相互交織和關聯的體。

你與自己的整體相連，這意味著你可以在更深層次上建立一個有效的自我照顧程序。在潛意識裡頭，你可以感受各個精微體什麼時候有能量、有受到照顧，而什麼時候沒有，而且你比想像中更清楚自己該如何給予它們所需。應該是說，給予自己所需。

自我照顧很重要

首先，請找一個安靜並且讓你感到舒服自在的場所，然後閉上雙眼，做三次專注的淨化深呼吸，讓自己回到當下來進行這項練習。現在，拿起一本記事本和一支筆，你可以多準備一杯飲料或者一包零食（或兩者都拿），如果這樣有助於你將專注力放在當下的話。然後……

1. 在記事本不同頁面上寫下三個標題。第一頁為「每日照顧」，第二頁為「每週照顧」，第三頁為「每月照顧」。
2. 請用俯視的角度來檢視自己的日常生活。即便非常忙碌的人，每天也至少會有兩、三個十到三十分鐘的空檔在漫不經心地滑手機，或者賴在床上希望這一天不要開始，或者看著無法讓我們感覺自己很棒的Netflix節目（我並不反對藉由看電視來放鬆，不過要適量觀看，而且是出於自己的選擇觀看，而不是因為習慣而播放）。

在「每日照顧」的頁面上，請將這些空檔時間記錄下來。這些時段會是你常用來自我照顧的時間，讓你填補美好的東西。

3. 為自己的練習做些功課，我的意思不是單純在網路上查資料，這當然有它的好處，不過我指的是去實際進行實驗。先把你想嘗試的練習一一列在清單上，然後分別去嘗試看看，並且留意自己有什麼樣的感受。

你可以決定要實驗多長的時間。我的建議是一週，如果你真的沒有太多空閒時間，也可以拉長到兩週。但記得要設下期限，才不會讓這個實驗變得永無止境，每一件事情都必須保持它的目的性。

～你不知道什麼是EFT情緒釋放技巧嗎？你可以在YouTube上面搜尋指導影片，然後就試著跟著做吧！

～有沒有做過瑜伽的拜日式？記得，YouTube是你的良師益友！你可以在上面搜尋拜日式的影片，學習姿勢順序。這是一個可以直接納入日常生活中的自我照顧方式，因為拜日式大約只會花你五分鐘的時間就能完成，而且能夠伸展到你所有主要的肌肉群。

～從沒動筆寫過日記嗎？用十分鐘的時間將所有的想法揮灑在紙上，不用去管順序或邏輯。

～從沒在泡澡水中加入精油以及蠟燭嗎？現在就試試看吧！（我是認真的！）。

～不確定呼吸法該怎麼練習嗎？請在Google上搜尋呼吸法技巧，然後自己嘗試練習看看。你會看到各種可以嘗試的不同技巧，從瑜伽調息法（Pranayama）到較近代的練習，如冰人呼吸法（Wim Hof Method）。

多嘗試任何自己感興趣的自我照顧方法，包含那些很新穎的方式。

以下還有其他更多想法：每天固定閱讀五頁書；寫下自己感到感恩的八件事情；起床後先在自家附近街道散步；用健康的蔬果汁開啟每天的活力；將所有的想法寫在紙張上，直到覺得頭腦變清晰；參加飛輪課；學習舉重重訓；開車到森林裡，讓自己在大自然間漫步；吟誦一個有力量的梵咒（沒錯，又是YouTube）；躺在地面上，雙腳靠在牆面上十分鐘；用乳霜滋潤整個身體。任何事情都可以！去勇敢地嘗試！這就是你的實驗課。

4. 當你完成一件讓你感覺很好的練習，使你內心感到平靜、穩定、完整，就把它寫下來。接著，再次回到你的記事本上。首先，寫下你要用來填補每日自我照護時間的練習，接著寫下每週的練習，這些練習將有助於強化每七天一個循環的正向結構，練習長度可能會長一些，像是體適能鍛鍊、在森林裡散步等。

接下來，你必須思考自己每個月想要做什麼事情，為自己帶來一個真正的大提升，這些事情可能不包含在你的實驗清單中，也有可能有包括。例如這樣：抽出時間與好友相處，可以選擇剛好你們都沒有要緊事要處理的時間；也可以在家以外的地方度過一晚；拜訪住在遠處的親戚；找一位療癒師；享受深層的按摩；花整個早上的時間來冥想打坐，或者將整個上午的時間統統留給自己。

這只是一些提議，而最終這是屬於你自己的自我照顧程序，完完全全只屬於你。所以，這必須對你有效，而且只為你運作。

一旦你建立好這樣的程序，就能夠加入你的療癒練習中，讓你能持續地回歸到自己。你的自我照顧程序不需要跟你在線上所追隨的人一模一樣，也不需要將這個程序分享在社交媒體網頁上（除非你願意，那也沒問題）。一切都是屬於你自己的。

光，出現了

現在回到我們的內在之火……你在什麼時候感覺它是最亮的？然後什麼時候又是最暗的呢？你是否曾在最深層、最令人窒息的黑暗中，感受過不可思議的光明？

曾經有位名叫珍妮特的女性（為了保護她的隱私，我使用了化名），過著不錯的生活，對自己單純的工作沒有任何抱怨，她沒有非常快樂，但也不是說所有事情都不開心。總之，一切都還可以。

直到有一天，一切都變了。有天晚上，她沿著倫敦泰晤士河步行回家，穿過波羅市場前往巴士站。露天的美食市集中人聲鼎沸，人們坐在位於狹窄街道旁邊餐廳的戶外座位，享受下班後的小酌。珍妮特穿過市集，沿著一條小巷子來到主要道路上。

突然間，她聽到了尖叫聲。人們快速往她的反方向狂奔，似乎想要逃離什麼東西。然後她看到了一個拿著刀的男人，瘋狂地揮舞著刀向人群衝來。有些人躺在地板上，一動也不動。

珍妮特愣住了，她無法移動。大家對她大喊：「快跑！」但每個人都力求自保到處逃竄，推擠著珍妮特四處尋找掩蔽物。恐懼感在空氣中瀰漫著。接著，她看見警察出現，也不知道他們是從哪裡冒出來的。

他們全副武裝，大喊大叫。然後，有其他警察跑向她，伸出手臂不斷推趕人群。

珍妮特也開始奔跑。

盡她所能地逃跑，用盡生命般奔跑。很多人都躲進附近的商家與餐廳找尋掩護，但她沒有。她就一直跑，死命地跑。她也不知道自己究竟跑了多久，不過從她停下來的位置判斷，她至少跑了一個小時或更久。恐懼驅使她繼續往前，完全感覺不到疲累或喘不過氣來。事實上，她完全沒有意識到自己正在奔跑，就是憑著直覺跑，逃跑的反應完全掌控了她的身體，而意識則退居次位。

當她終於回到家後，珍妮特馬上打開電腦看新聞。倫敦大橋以及波羅市集發生一起恐怖攻擊事件，她卻感受到一種疏離感，好像是在觀看另一個世界所發生的事情。她還沒準備好承認自己一直在現場這件事。但她已經活生生地經歷過這個事件，而且為了生存而狂奔。

接下來的幾個禮拜，這事件開始在她內心發酵。從那一刻起，珍妮特陷入的驚恐狀態起了保護作用，關閉了她往常的思維過程。妳要馬上行動，之後再思考——這就是恐懼叫我們去做的，我們需要它才能拯救自己性命。

然而，我們在某些時候還是必須重新開始思考。當珍妮特打開思考模式時，她發現自己很難消化所經歷的一切。這麼多人在她面前死去，而她卻整個僵住站在那裡，這些人試圖將眼前所有的人殺光。如果他們有靠近她的話，如果她在那裡多僵住幾秒鐘的話，她可能也會死在他們的刀下。

為什麼她沒有死？為什麼其他人都死了？為什麼這些人要用如此暴力、無意義的方式殺害所有人？他們都素不相識，這些無辜的人都有自己的家庭，那天也不過是在做一般下班後晚上會做的事情而已。

珍妮特陷入了一片漆黑，她的內在之火被熄滅。她迷失了，四周黯淡無光，腦海中不斷想著自己原本也有可能會死去。她說她還不想死，但也不知道怎麼繼續生活下去。一切都沒有意義了。不過不知為何，她確實還在繼續過自己的生活。

關於珍妮特的經歷有許多特點，其中之一就是它發生在大庭廣眾之下，是一道非常明顯且大家都知道的創傷。每個人都明白她的心情一定糟糕透頂，也想試圖對她伸出手幫忙。她其實不用像許多人經歷創傷後需要隱藏自己的恐懼，反而可以尋求幫助。過了一陣子之後，她確實尋求了幫助並接受治療，與朋友訴說，外出時會請人陪同等，好讓自己不這麼害怕。

恐攻後的第六個月，珍妮特回到事發現場。即便這裡是她回家最快的路徑，她也一直避免走這一條路。但是那一天，她回到這個地方，回到她當時無法動彈的位置。她閉上雙眼，專注於自己的內心，允許記憶浮現：那種感受，那種驚恐，那種徹底的混亂感以及動物最原始的恐懼。

她深深地吸了一口氣，然後當她睜開雙眼時，她感受到那把火又重新出現了，她的火焰慢慢地開始燃燒。

現在，珍妮特展開了全新的人生——她離開了原本很滿意的工作，申請了助學貸款，開始攻讀心理學以及創傷治療。她要成為一名心理治療師，因為她想幫助所有經歷過難以想像事件的人。她曾走過自己的黑暗時期，但現在她充滿自信地說，自己從沒如此光明、強大過。

我相信，正在閱讀這本書的你很可能也曾經處於漫漫長夜的黑暗中，或者現在還在低谷之中。現在是時候讓自己看見光明了！你已經花太多時間感受這份恐懼，是時候與自己的內在之火交朋友，保護它、傾聽它，讓它燃燒吧！

練習11：凝視燭火，照顧你的內在火焰

這練習是根據一種名為「Trataka」或者「凝視燭火」的古老冥想練習。其實就是字面上的意思，要你凝視蠟燭的燭火。不過，我吸收了這項練習的好處，並將它進一步擴展為一套更完整的方法，包含觀想以及日記撰寫。

正如《自我實現的方法》[29]一書中所述，凝視蠟燭有以下幾個好處，這也在《國際瑜伽雜誌》[30]中發表的一項認知研究中得到肯定：

- 強化眼部肌肉並提高注意力——不僅是眼睛的物理焦點，也包含我們的專注能力。
- 放鬆身心，這也被發現可以改善睡眠品質。
- 平靜神經系統和減少焦慮。

29 Swami Satyananda Saraswati (2008),《自我實現的方法》Sure Ways to Self-Realization. Yoga Publications Trust.

30 Talwadkar, S., et al. (2014),《凝視燭火練習對老年人認知功能的影響》'Effect of trataka on cognitive functions in the elderly':www.ijoy.org.in/text.asp?2014/7/2/96/133872 [擷取日期：2020/1/15]

會：

- 改善思維清晰度，引領自己走向更清晰的自我意識和目標。
  當你將凝視燭火練習與我們即將在這裡進行的觀想和日記撰寫相結合時，你將會：
- 連結到自己內在之火，包含你的動力、保護力，以及你所燃燒的能量。你會用這能量來消除恐懼和不安感，讓你清楚明白自己是誰，以及你從現在開始希望過什麼樣的生活。
- 當內在之火有些暗淡或火苗過小時，你還是可以隨時連結到自己內心的那把火，並且提醒自己為什麼決定走向內在療癒這條道路。

讓火焰燃燒起來

你需要一支筆和你的筆記本，然後找出一張空白頁。接著，找一根蠟燭，讓它固定在燭台上（一個簡單的圓形茶蠟也可以），還有火柴或打火機。另外，還有一個可以把燈關掉的安靜私人房間，最好是在傍晚、日落之後或清晨日出之前進行練習。

1. 先把房間調暗，把燈或任何有發亮螢幕的物品關閉，並拉上窗簾／百葉窗，

無論面前的景色如何，如果我們感知外界的鏡頭出現裂痕，往外看的視野絕對會不同，也無法感覺到應有的美好。自我照顧是一個簡單的方法，用黃金填滿這些裂痕，彌補原本的不完美。

然後把門關上。

2. 選一張椅子坐下，點燃一根蠟燭，並且放在你眼前大約眼睛水平的高度。

3. 快速眨眼幾秒鐘，然後搖晃自己頭部，以釋放頸部的緊繃感。接著，將目光集中在蠟燭火焰上，讓房間裡其他東西都逐漸消失。現在的你完全專注於火焰，全心集中在火焰上。

停止眨眼，盡可能凝視眼前的火焰，越久越好。你的眼睛會開始流淚，但請繼續保持專注。然後，當你無法再保持睜眼，無法專注在火焰上時，就可以閉上雙眼了。

4. 留意眼皮背後所呈現的顏色與形狀，那是火焰的倒影，形狀與圖像會不斷地變換。光明，與黑暗形成鮮明的對比。

5. 接著，隨著亮度的變化，你可以想像火焰的圖像在自己的內心，這是你的火焰，你的火把。雖然眼前是一片漆黑，但眼皮背後你還是可以看見一把燃燒的火焰——這是你內心的光明和力量的反映。

它變得越來越強大、越來越明亮。或許這把火充滿了你的視野、思緒，還有整個身體，這光會帶給你溫暖、力量、幸福，感覺自己潛能無窮。隨著它繼續燃燒，也吞噬了恐懼，吞噬掉困住你許久的限制性信念，還有所有阻止你成為真正自己的阻礙。

你知道這把火在你的內心，一直都在那裏，即便周遭的黑暗深不見五指。它也永遠都會在。

6. 揉搓你的手掌增加手心溫度。接著，將手掌放在眼睛上，然後慢慢輕輕地眨眼。手指微微地張開，讓燭光從指縫間流入。接著，把手放掉，打開檯燈或天花板的燈，並將蠟燭吹熄。

7. 請把當下浮現在腦海中的想法，都寫在筆記本的空白頁上，不用太在乎內容，也不需合乎邏輯，讓想法自然地出現，然後寫在上頭，將整頁寫滿。你可以用自由、意識流的方式書寫，或者清單、重點式的方式將想法記錄下來。

8. 最後，做一次深呼吸，讓肺部充滿新鮮的氧氣，然後將氣全部吐出來。

Part 8

你是自由的

涅槃是完全的自由，它不是一個地方，而是一種自我狀態——以及一種整體、療癒的表現。

這裡有幾個真正自由的感受讓你參考：

- 輕鬆感。
- 開放性——就像你原本一直蜷縮著身體，向內封閉自己，但是現在你感受到一股無限大的擴張感，準備好迎接一切事物的到來。
- 完整無缺的合一感。
- 與萬物有所連結，就如海浪一般，明白自己歸屬於大海，而且永遠都是如此。
- 原本居住在城市的家貓，後來搬到寬闊的鄉下，可以漫遊在田野與森林之間。你有點不確定，因為一切都讓你感覺很陌生，不過你終於感受到真正身為一隻貓的感受。
- 你在山坡上一條長長的、空曠的、平坦的小路上騎著自行車，這條路不算陡峭，卻讓你有些害怕，但也讓你可以開心地急速前進，讓風吹走所有的蜘蛛網。
- 讓你做出感覺正確的決定。
- 明白過去發生的壞事情不會再無止境地繼續傷害你了。

- 對未來充滿期盼、興奮。
- 外出時不再需要擔心門禁問題。
- 不用隨時看時鐘注意時間。
- 不用擔心別人對你的看法。
- 不會做最壞的打算。
- 知道會發生各種美好的事情。
- 知道當你又遇到困境時，自己已準備充足，能夠突破難關。
- 不會（一直）感覺到害怕。當然，偶爾還是會驚慌失措一下，甚至對自由感到害怕，不過這都沒關係。一切都很好。
- 知道自己無論何時都是自由的。

這，才是最新的快感

你已經為自己的內在療癒負起責任了。你是自己的療癒師，我現在會這樣稱呼你，因為你確實是。其實你一直都是，不過你現在知道如何運用所有內在的智慧。你正在運用這些智慧，而你所取得的進展都與任何療癒大師或外在療癒力量無關：你只是獲得了一些讓你可以與內在引導連結起來的工具。透過與內在之火的連結，你重新與自己開始對話。在這裡，你的內在之火以及智慧為你打開了蛻變的大門。

而且，正如我在前幾頁提到的，為自己的療癒負起責任，會是你自愛方式之中最美好的決定。當你閱讀這本書，並且認真完成每個練習，就是在告訴自己：你值得改變。你已經向內在世界發出了一個強大的訊息，那就是你確定自己已經準備好提升頻率，活在更高的層次，沒有任何事物能夠阻擋你前進。

你已經回到平衡點，或許你並沒有太大的感受，但這本來就會如此。畢竟，這趟旅程並沒有一個清楚的終點。我們之後的人生就是反覆地療癒、受傷、再療癒。

每當你專注投入旅程時，就會將自己提升到更高的頻率振動，為自己創造更多可能性，向外放射出強大的能量，再讓它反折回來給你。繼續重複這些訊息，你值得更美好的感受、值得改變，而且值得享有終極的自由。

療癒並非只是癒合傷口——而是會改變自己的人生。如果你正在追求成就，並且有目標想要實現，就必須專注在內心自我的力量上。如果你想大幅度改變人生，療癒情感創傷會是很重要的一步。

因此，療癒並非只限於靈性派或者「嬉皮派」，或任何你想怎麼稱呼的派別。療癒是任何想要轉化的人所必須經歷的過程。我說過，沒有任何東西能夠騙過宇宙的眼睛。當你正因為情感創傷而處於低頻狀態時，任何外在的力量都無法幫助你太久。你必須從內在開始起步，才有機會散發出你希望得到的正能量。

練習12：跟隨著內心之流

體驗自由的一個關鍵部分是明白自己也是宇宙結構的一部分，不是只讓自己的大腦知道而已，而是能夠感受它、體現它，讓你所有的細胞、每一個精微的能量流，讓自己的每一個部分都明白。知道你並非是那道波浪，而是整個汪洋大海。

所有迄今為止以及今後所達到的進展都不是一次性的變化，這種自由解放感並非一次性的體驗，而是在餘生中都能確定它的存在。它會來來去去，因為你是人類，你並非是以單純、單一方向發展，而是複雜曲折的旅程。療癒本身也是混亂的。

自由並非永遠都容易達到，但透過練習會變得越來越容易，需要主動並有意識地釋放自己，這也正是這項練習的目的。

融入合一

先安頓好自己。就如往常一樣，你需要找一個安靜、舒服、不受干擾的空間。不用急，把該做的事情先做好：關上門、穿上（或脫掉）衣服讓自己保持在舒適的溫度，還有其他任何你認為需要先做的事。

1. 請採取坐姿。如果覺得挺直且不靠背的方式比較舒服的話也可以。如果你想坐在有椅背的椅子上來支撐脊椎，或者想坐在地板然後背靠在牆上的話，也都沒問題。不過，我們並非是要採用正式的冥想打坐姿勢，而是讓自己感到舒服自在，並且不受背部、臀部或肩膀痠痛影響，這樣才能讓你專注在你的練習上。

2. 閉上雙眼，好好地深呼吸幾次，用鼻子吸氣、用嘴巴吐氣。吐氣時要盡量慢一點，或者可以假裝用力、大聲地嘆一聲氣，只要能幫助你放鬆，回到當下，放下一整天的紛擾就可以了。接著，回到自然的呼吸節奏。

3. 注意自己的身體，有哪些部位是受到地面、地板或者身體下的家具所支撐著？這些部位感覺是否比其他地方更溫暖或者更寒冷呢？

注意自己脊椎的長度——從最底部到最頂部的那一端。

注意自己眼皮的重量。

允許自己回到當下以及此處，你只會在這裡，沒有其他地方要去，沒有其他事情要做。

4. 接著，將注意力放到胸腔的中心。我們好好地留意這個區域——心臟以及周圍的部分，因為這個自由的練習並非只關注在大腦的層面。我們雖然要用大腦，但是要在你每一個層面都起作用。這是一個對心的練習，也是對大腦的練習。

所以，請好好注意自己的心。感受你的胸腔。當你在呼吸時，允許胸腔好好地擴張，肩膀也會稍微往外擴，胸腔會打開來，心也是。這裡擴張的空間是一個能夠連結的空間，你會感受到一個更偉大、更有整體性，且不可動搖的連結持續地存在。

請大聲地或在腦海中默念這個肯定語：帶著敞開的心房，我身心合一。

5. 允許這敞開與擴張感停留在胸腔內，你無需用力做這件事。然後，觀想自己站在一個海灘上。

請花點時間觀想這件事，感受腳底下的細沙或者鵝卵石，感受它們貼近你肌膚的質感。看一下天空以及眼前大海的顏色，甚至可以從空氣中聞到鹹鹹的氣味。感受微風輕撫自己，還可以聽見陣陣的海浪聲，溫柔地打上岸頭。

你站在海岸邊，向前張望著。

療癒並非只是癒合傷口——而是會改變自己的人生。如果你正在追求成就，並且有目標想要實現，就必須專注在內心自我的力量上。如果你想大幅度改變人生，療癒情感創傷會是很重要的一步。

6. 接著，當你在海岸邊感受到這個當下時，將腳趾頭伸入水中。你抬起你的腿——感受到肌肉的動作，還有伸直的腳趾頭接觸到海水。然後，當腳趾碰到海水時，感受到涼爽的感覺包覆住自己的腳趾頭。

你會發現，一旦你與海水交會的那一刻，你也成為了海水，你的腳趾變成了海水，不過你還是你，也是海水。你繼續將腳伸進去，然後整隻腳也變成了海水。

7. 當你將腳抽出來時，它還是跟原本一樣是你的腳。皮膚、骨頭、肌肉。帶著滿滿的好奇心，你決定進一步地探索——因為你感受到與海水融合為一的力量。這力量並非源自於自己，還有更偉大的能量在裡頭。

8. 你將雙腳踏入大海。漸漸地，你走得更遠，當海水淹沒身體的每個部分時，都變成了海水，直到你全部都變成了海水。你成為這寬闊海藍色的一部分，而且感覺很棒！

你背對著你的水體躺下，感受被海洋完美地從背後支撐著。你用仰躺的姿勢漂浮在水上，從這改變的狀態中凝視著天空。你不再被懷疑、不確定性、不安感或恐懼所束縛了。

你並非一個人孤單前行，從來都不是。你本就該在這，你本就是這其中的一部分，從以前就是，未來也是。

9.

慢慢來，不用急。

然後，當你覺得準備好的時候，緩緩地用你的方式回到岸邊，可以游回去，也可以簡單地移動回去，絲毫不費力。

你站了起來，讓身體回到正常的形態。

好好地深呼吸幾次，然後再次望向大海。你的臉上慢慢地露出一抹微笑，你不再受困於別人眼中的你，或者硬性規定的某個版本的自己，更不在乎別人對你的看法。

帶著這一抹微笑，你再次說：帶著敞開的心房，我身心合一。

10.

最後，隨著自己的節奏，慢慢地將意識帶回到你的呼吸上。好好地、慢慢地，做三次深呼吸，用鼻子吸氣，然後用嘴巴吐氣。

當你覺得準備好的時候，再慢慢地、溫柔地睜開雙眼。

事實是：你不會永遠都處在美好的狀態

內在自由並不意味著就會幸福快樂一輩子，也不代表在你每次踏出家門時，都能夠帶著自信以及大大的笑容大步地走（雖然我希望你可以經常這麼做）。這樣聽起來，與內在自由連結似乎不是最能鼓舞人心的方式，然而，你必須要明白這個非常重要的事實，因為如果你不懂的話，你可能會覺得是自己哪些地方做錯了。

真正的自由事實上是接受以及平靜的知曉。當你自由的時候，你並不害怕困難到來的那一刻。當你自由的時候，你知道無論發生什麼事情，你只會接受並想辦法克服它。當你自由的時候，你會歡迎酸甜苦辣的各種情緒，因為這些情緒是生而為人的一部分，作為一個活生生、會呼吸、會感受的人類。

而你最終的力量是知道自己可以回到平衡狀態，因為無論外在有多紛擾、有多少事物會干擾你對外在的詮釋，你的真我一直都鎮守在這裡。表面看似波濤洶湧，難以處理，底下的水流卻一直都是靜止的。你絕對有能力看穿表面下的情況，知道寧靜一直都在那裡。

當覺得受困時，就好好釋放自己吧！

現在的你處於第七體。好好地研究它，試著用每個閱讀到的字詞來冥想它，但不要忘記，每個體都是互相連結的。每當你感到受困，與自由斷了連結時，請回到肉身體中，讓它動一動，像野孩子般奔跑、在河水中游泳、跳上跳下，伸展身體、鍛鍊身體、做瑜伽。當你覺得自己卡住、受困時，解放肉身體會是重新感受深層自由的最快方式之一。

我們在這些書頁中所做的一切都旨在通往自由。因為這一切最後就是自我療癒——擺脫過去的重擔，放下，得到解脫。但同樣，這並非是直線性的旅程。

有時候，我們需要花幾秒鐘、幾分鐘或幾小時的時間做一些事情，來提醒自己這種自由、解脫的感覺，這樣我們就不會忘記自己所做的一切是為了什麼目的。因此，當你感覺受困時，你可以做以下幾件事來迅速感受到自由：

- 脫下身上所有衣服，有時候在某些場合可能不合時宜，我懂……但這很有效。如果你可以在外頭這麼做的話更好！你甚至可以脫下所有的衣物，然後跳進冰冷的河川或大海（只要你會游泳的話）。

• 大笑。最好是在有其他人陪伴的情況下大笑一番，不過自己一個人也無所謂。如果是事出有因而大笑當然很有幫助，不過你有沒有試過……沒有原因也大笑呢？你可以的。這滑稽的畫面還會讓你笑得更開懷，或者你可以試試看「愛笑瑜伽」[31]。
• 告訴別人一些誠實的事情——講事實，但不要不禮貌。
• 在一週間請個假休息，然後一整天在外頭度過，從日出至日落。
• 冥想。
• 改變你的行程。把你正在拖延、壓力大、緊張的事情擱置一旁，做些別的事情。
• 告訴他人你遇到一些困難，需要他們的幫助。
• 跳舞，盡情地跳舞。放下自我意識，然後播放一點音樂，用任何奇怪的姿勢擺動你的身體。

31 Laughter Yoga University,《什麼是愛笑瑜伽以及其功效》'What is Laughter Yoga & how can it help you?': https://laughteryoga.org/laughter-yoga/about-laughter-yoga [擷取日期：2021/1/8]

每當你感到受困，與自由斷了連結時，請回到肉身體中，讓它動一動，像野孩子般奔跑、在河水中游泳、跳上跳下，伸展身體、鍛鍊身體、做瑜伽。當你覺得自己卡住、受困時，解放肉身體會是重新感受深層自由的最快方式之一。

- 去某個地方，做一個完全屬於自己一個人的活動。
- 背對倒著走樓梯（當然，要注意安全）。
- 當大家／整個城市都還在熟睡時，早起去散步。
- 開始學習一些你一直想學的事物。

練習13：在自由中行走

我在寫下這個練習時感覺有點奇怪——這是最後一個練習，意味著我們一同努力的過程即將要走向尾聲，不過也不全然是如此……。

雖然你快看完這本書，不過你的旅程其實才正要開始。你正處於一個非常令人振奮的位置——準備好繼續向前，將所有所學習到的技巧應用在自己的生活上，在起起伏伏的旅途中，所有的練習都可以隨時在需要時拿出來使用。還有，儘管我們稱這個過程為旅程，但這並非是直線性的，並非是從A點走到B點，然後就結束了。這是一個學習、成長、轉化以及再學習的終生過程。

你一定還會遇到挫折，每個人都會。每個人都會有覺得自己完全失去方向的時候，陷入舊有的習慣與模式，然後需要重新開始。

這可以是幾天、幾週、幾個月、幾年的迷惘歲月。但最重要的是，你必須重新連結自己療癒的能力，記得你就是自己的療癒師，擁有所有你需要的工具，所以請好好地善用它們。

我也會有這種低潮，有時會感覺被困住，完全看不到自己所做的努力，以及自己所採取的步驟，一切似乎都不見了。有時候，我會被某件事物觸發非常強烈的反應，讓我拋下原有的狀態，再次陷入恐懼之中。不過，我會記得我所擁有的工具，這本書中所分享的所有練習，對我而言也有極大的幫助。

所以，即便這是最後一項練習，我們仍然會在這個旅程中攜伴向前。還有，我也在IG上喔！如果你還不知道的話……。

是時候該出去走走了

這個練習需要你出去走走，不過並非是一般普通的散步而已，而是迎接嶄新的自由感受。

1. 走到外頭。如果可以的話，請選擇到大自然，例如森林、田野、溪流旁、大海邊。如果無法做到的話，在城市散步也同樣有許多享受自由的機會。
2. 開始漫步，讓身體放鬆。頭維持抬高狀態，如果你願意的話，可以帶著微笑與自信，輕輕鬆鬆地大步向前走。不用著急，也不要太鬆散，感受腳下每一步的自由。

3. 當你在漫步時，注意一下四周的植物、大樹、建築物、人、動物、汽車、天氣、天空、白雲、陽光等，將所有的一切都納入感受中。

4. 接著，覺察自己的內心。在整個練習過程中，記得自己是無限自由的，任何在過去傷害過你的人事物都消失得無蹤無影，已經沒有任何事情可以阻礙你。你正在平靜、快樂地大步向前走，沒有任何憂慮或恐懼。你正在練習一項顛覆性的藝術，帶著深深的自由感行走在這個世界上。你知道你是自由的。（一般來說，如果你還沒有真正達到自由，請不要擔心，你不一定要感覺到被療癒，只要好好地在行走時讓自己感受到自由就可以了）。

5. 繼續走，好好享受。讓這種簡單的散步成為你至今為止人生中最好的體驗之一。

6. 一直走下去，直到你準備好停下來為止。當你停下來回家、回去工作或去任何地方時，給自己幾分鐘的時間調整一下。不要直接馬上開始進行接下來要做的事情，而是靜靜地站著或坐著，深呼吸，然後微笑。

為什麼這是書中最後一個練習呢？因為現在是時候以你自己的身份出現在這世界上了。不要再隱藏，你是獨一無二的自己，而大家也需要你的獨特性。真的，沒騙你。

如何知道自己的努力是否有效？

這個問題沒有標準答案，因為這是因人而異的。一個人療癒的跡象也可能會隨著時間的推移而改變。不過，大致上而言，以下情況是較明顯的指標，代表自己所做的努力產生了正向的影響：

- 即使你內心感覺到被觸發（之後仍然會發生），但你能夠比以前更快速回復到平靜、穩定的狀態，不太會陷入持續幾天、幾週或幾個月的被觸發狀態中。
- 整體上，你感覺自己比以前更強大、更有自信，不安全感也完全消退。你發現自己有能力去改變自己的處境。
- 你可以輕鬆地預測自己會被什麼情況或互動觸發，並能為此做好準備。
- 你不再為自己的痛苦感到羞恥，能夠更加自在地表達自己。你有自信其他人會願意聽你說話，並尊重你。
- 那種被困住，沒有希望的感受逐漸消退，取而代之的是你可以經常感受到自己能繼續前進，並且打造更快樂、更充實的生活。
- 你對未來的想像或幻想充滿了希望，而非災難。

對我而言，自由是……

自由對不同的人來說有不同的感受。對我來說，在自我療癒之旅這段路程中，讓我徹底體驗到完全自由、解脫的感覺時，是我意識到我不再需要其他人指引我、告訴我我的生活應該是什麼樣子。

被比較、被批判是我童年的常態，而且害怕失敗。這讓以前的我感覺自己不夠好。現在，即便我知道自己應該可以變更好、做更好（因為成長是持續並且不可或缺的），我也可以接受真正的自己（自愛），在這之間取得一個平衡。

被批判的恐懼一直都真實存在。即便當我接受了幫助他人的自我使命時，也因為離開一家受人尊敬、穩定的公司，離開了一個蓬勃發展的行業和奢華的生活方式，去追求更高的目標，而面對被同儕批判的社交尷尬。事實上，當我前公司的主管知道我將離職以追求更偉大的事物時，他告訴我我會很難適應從高薪工作回到一無所有的生活。他完全不願相信我深信不疑的個人夢想。他說如果我離開這份工作後得了憂鬱症並且了結自己的生命，他也絕對不會感到訝異。

然而，讓我印象最深的並不是他的話，而是我最親密的朋友和家人告訴我心愛的

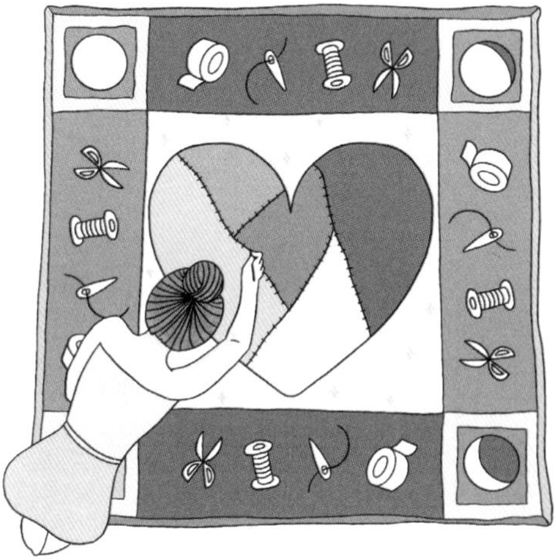

這可以是幾天、幾週、幾個月、幾年的迷惘歲月。但最重要的是，你必須重新連結自己療癒的能力，記得你就是自己的療癒師，擁有所有你需要的工具，所以請好好地善用它們。

人，我變成了流浪漢，一個沒有錢、沒有地位、沒有穩定人生的人，在追求著不切實際的夢想。

在我出版發行我的第一本書後，我十分感激，也讓我有機會可以重新建立我的身份，並且證明給所有人看。不過，我對他們並沒有任何敵意，事實上，我還和他們其中一些人一起慶祝。如果我對他們有敵意，這意味著他們仍然可以控制我，也代表我的自我價值仍然取決於這些人對我的看法。不過，值得慶幸的是，我完成了自己的工作，我為自己而活，即使這是不求回報的去幫助他人。

現在，當我被別人問起我的職業時，我可以很自在地回答「幫助他人」，同時提醒自己，任何頭銜以及標籤都無法定義我這個人。我無須證明什麼，所以我也不需要向別人推銷自己。

我知道問我這個問題的人有時會有先入為主的想法，而我也無法阻止任何人對我的批判。不過，我內心的反應是：誰在乎呢？這並不是一種冷漠的態度，而是坦然的接受，並且提醒自己別人的想法對我而言不是最重要的，我選擇了更有意義的事情。畢竟，他們對我的看法是他們的反射——他們是通過過去的條件和創傷來看待我。然而，我還是選擇做真實的自己——這讓我感到無比自由。

我正在按照自己喜愛的方式生活，不再成為意見與批判的受害者。這些人很難佔據我腦海中任何一個角落。當我在生活中認識新朋友時，我不擔心他們會如何看我，因為我很清楚我對自己的看法，也明白其他人的想法並不會改變真實的我。心靈的平靜是真正的奢侈，真正的自由，而我已經擁有了這種自由。

你也自由嗎？

會的。人生是無限可能的。

如果還有一件事情我想要求你去做，那就是信任。相信自己可以感受到自由，而你有一天絕對會到達這個階段。而當你到達時，你會在那一刻感受到輕盈、敞開以及平靜感，請相信這些是真實的，而你也值得擁有。

你的痛苦不再為你發聲，你的恐懼也不再主導你的人生。你，才是自己的主宰。

結語

在我寫這本書時，這世界剛好經歷了一些前所未見的大事。新冠病毒在短短的幾個月內改變了整個地球以及所有人的生活。這讓我也忍不住想，這段時間將會如何影響我們的未來？它會帶給許多人的人生另一道新的創傷嗎？這種影響我們所有選擇和行動的不確定性，猶如波濤洶湧的暗流般，將會如何影響我們對世界的看法？

毫無疑問地，在這樣一個充滿挑戰的時期，必定會勾起一些人過往的創傷記憶。即使像我們這些相對幸運的人，不需要日日夜夜提供醫療服務或者目睹悲劇的發生，與我們樂意被關在一起的人，限制在一個不會過於狹小的家裡，就算是這樣，我們肯定也會受到新的心理創傷。

現在，就在我撰寫這本書時，我們都處於危機模式中。我們都在努力熬過這些日子，盡力做我們能做的事並且適應，讓自己的生活在這精簡的世界中運作。我們習慣在商店時踩在地板的排隊膠帶線上；過馬路時避免與其他人過於靠近。

我們必須習慣不能隨時去看望父母、兄弟姊妹或朋友的現實生活，而是在ZOOM視訊上與大家聚會。在世界的某些地方，人們也在適應出門時需要填寫表格。更有無數的人正在努力應對失業後的人生。

我們都在處理這個問題，而之後，我們會需要用不同的方式去處理，處理這個經歷所帶給我們的恐懼。

無論你在哪，我的心都與你同在。我希望你與你的所愛之人都能夠安全、健康。然而，在某方面我已經看見這危機所帶來的曙光。我們的社會已經被迫改變，我們被迫反思，無論發生什麼事情，這些影響都將持續許久。我們不可能回到從前，至少不會是一模一樣的從前了。

在這種史無前例的情況下被限制在家中，並且寫一本關於創傷的書，聽起來十分有趣。我打電話給朋友們，聆聽他們的焦慮與恐懼，從視訊中看見他們落淚……然後掛斷電話，我便開始寫下療癒的練習，在經歷創傷後我們都需要與自己重新完全連結，還有與自由連結。

我在封城的日子中寫下一本關於內在自由的書，這是諷刺？還是上天的安排？我的感覺是，這本書必須在一段陌生、充滿不確定的時期寫出來，這能讓我與原本遺棄的複雜情緒重新連結起來，而我希望這個連結能夠以同理心、理解的方式反映在這些書頁中。

我希望這本書對你接下來的人生中有所幫助，因為寫這本書時，它幫助讓我看見及接納自己當下所處的狀態，並且讓我珍惜陪伴在我身旁的人。

我希望你可以從這本書中獲得力量以及正面的能量，還有自信。我希望你更加自信，相信自己可以做到，而且一定會更好。好好療癒，感受自己所擁有的力量。我相信你絕對可以，而且你已經在療癒的路上。

我已經數不清我說過了多少次「這是屬於你的旅程、你的療癒」。你完全不需要按照其他人的計畫表走。不過有句話我沒說過，而我知道這也是事實，那就是「即便這個旅程是專屬於個人的，但也會讓所有人都受益」。當越多人接納自己，並且知道如何照顧自己，從各種挑戰及創傷中療癒，這絕對會更好。因為這些所有人，包括你，將會走向世界散發出更多的愛、關懷、希望以及積極正向的創新。

接納自己的人可以接納他人，而這可以改變世界。

謝謝你一直都在，也感謝你願意花時間閱讀這本書。

祝福你一切美好。

維克斯・金

後記：獻給我的唯一

我把這本書獻給我的唯一：我的心肝、我的女王、我的愛、我的妻子凱莎（Kaushal）。

妳走過了一段偉大的旅程。我想說的是：天啊！見證妳的成長和從我遇見妳之後妳所取得的成就，都是我生命中的亮點之一。我無比自豪，不僅是身為妳的丈夫，而且還是身為一個喜歡看見人們做出不可思議事情的人。當然，如果又剛好是你深愛的人時，意義更是非凡。你一直都能帶給人更多的靈感。

妳在職涯上所獲得的成就，以及妳所打造的寬闊平台也還是有相當多的掙扎。我也知道，就如所有一般人一樣，妳也是會犯錯。然而，自從我遇到妳的那一天起，我必須老實說，妳是我所認識的人當中擁有最真誠、良善的靈魂。

妳的目標並非追求財富、名利，也不需要被許多人崇拜，只是想要分享妳所愛的一切。抱持著這樣的態度，妳成功連結了數百萬人的心，也徹底地改變了妳的人生。

妳成功讓更多的祝福與機會顯現在自己的生命當中，這是許多人夢寐以求的人生——不過，我也知道，妳非常感恩。

儘管如此，伴隨著曝光也帶來了許多心痛的事。看到妳被其他人霸凌，為此受到傷害，對我而言真的很不好受。尤其是我知道妳內心的承受力和妳身上散發出來的純真，目睹妳的心理歷程我也很痛苦。我承認，有時候我也會感到絕望以及無能為力，特別是妳不願與我討論的時候。在這些時刻，我總感到自慚形穢，在自己腦海中灌輸了許多小劇場，認為自己根本無法幫到妳，還有或許是我的錯，讓妳無法有足夠的信心來跟我討論。

我必須承認，我曾經以為我們之間的愛不如我所想得強烈——因為妳不能對我敞開心房與我訴說。這其實就是小我在作祟——它會扭曲我們的感知，使我們感到自己是受害者，並且扭曲真實。

我知道，大家都認為我總是有答案，我是一個教練，我是一個領導者，是一個改變者。但是對妳而言，我是妳的丈夫，這也是我不斷提醒自己並表現出來的。當妳處於風風雨雨之中，我試著保持適當的界限，一直在妳身旁，不過內心深處，我很希望能夠在妳的內在旅程中伸手幫妳一把，讓妳可以保持內心真實的自己——那位不受束縛的快樂女孩。

就如每對夫妻一樣，我們也有意見不合的時候，在那段期間裡，我們經歷分歧的次數可能比一般人更多。透過我們的旅程，我們的創傷讓我們變得越來越好，卻也不時讓彼此創傷的海浪淹沒了對方。不過，我們從來沒有放棄過彼此，我們總是會適時出現，準備好解決問題，繼續成長。這也是為什麼我們的旅程是如此獨特。

儘管我希望能夠成為幫助妳的人，但我知道建議妳去做心理治療才是最正確的事情。我明白這想法對妳而言有多麼可怕，因為妳害怕面對隱藏了許久的那一面，妳還沒有準備好接受即將揭露的傷口。我可以理解這個過程並不舒服，因為我也是如此。所以，我很驕傲妳願意勇敢踏出這麼一大步。

當時，妳並未準備好與我分享妳真實的感受，以及感受背後的原因。妳不好意思向我承認妳每天面對的困擾，也不想將麻煩丟給我。妳知道一旦妳向我坦白時，我自然會擔心妳的身心健康——即使妳身處痛苦之中也會為我著想、照顧我。謝謝你用盡生命來愛我。

而妳不知道的是，這整個經歷激發了這部作品的架構。它讓我走上了一條深入探索的道路——不僅是往我內心深處探索，還有所有以前我自認為是內在療癒的一切。

我想找到一個解決方案，一種簡單明瞭的方式——讓所有人都成為自己的療癒師。特別是當接受專業心理治療不在選項之內，或者與他人交談並非是件容易的事情時。我必須重複審視、改良以及重新建立我原本的方式與思維來寫出這本書。

這本書是因為妳的旅程才存在。在我花了這麼多時間在這項計畫上，我現在可以很有信心地說，我們共同發掘了一些很特別的東西——我敢說，這絕對是革命性的轉變。

親愛的讀者：

你所經歷的傷痛、心痛，還有所有的風風雨雨都是暫時的。你會療癒，你會感受到新的層次，你的生活會如同在天堂一般，而且會有一項更偉大的計畫出現在你的眼前。

致謝詞

有太多人我很想一一列出來，他們對我的人生以及這本書都有巨大的影響。沒有珍（Jane），我在 Graham Maw Christie 的經紀人，還有我的家人和朋友，這一切都不可能發生。我打從內心感謝你們，不僅僅是你們的支持，還有你們一直與我同在，無論是聊些日常話題、分享簡單的微笑或者哈哈大笑、慶祝我們的勝利，還是討論我們對未來的願景。有時候，這就足以激發我們的創造力，提升生產力，從身邊的人就能獲得某種形式的靈感與快樂。

另外，我需要鄭重感謝賀氏書屋（Hay House），不只在近幾年給予我許多協助，滋養著我，也張開雙手將我納入他們的大家庭之中。雖然我無法一一將所有人的名字寫下來，但我想特別感謝幾個特定的人。艾咪（Amy）：即便妳已經不在賀氏書屋了，謝謝妳給了我一個能成為作家的機會。喬（Jo）、茱莉（Julies）和莉安（Leanne）：大家都見識到你們為英國賀氏書屋所有作者們所付出的努力。

現今也不在賀氏書屋的錫安（Sian）以及哈娜（Hannah）：你們兩人積極主動幫我尋求在各個公開場合演說的機會，讓我能夠將訊息傳達到更遠的地區，被更多人聽見。黛安（Diane）：就算現在是晚上十一點，妳還是會看我的訊息、回覆我，並且用最大的善意對待我的每一封電子郵件——我非常敬佩妳堅守自己崗位的態度。我非常感謝我的編輯黛博菈（Debra）以及她為這本書所投入的精力，使這本書更完善。里德（Reid）：你不僅監督我們所有的作者，還鼓勵大家發揮最大的潛能。

最後，蜜雪兒（Michelle）：感謝妳相信我、信任我。妳懂我的——我的願景就是繼續散播我的訊息，同時還能保有真實的我，傳播更多良善以及賦予他人更多的能量。妳在2018年賀氏書屋夏季晚會的演講中提到，雖然盈利對企業來說很重要，但我們必須記住它存在的原因：幫助他人療癒，讓這世界不一樣。當聽到妳這句話時，我知道我回到家了——我會帶著這個目的繼續走下去。

打從開始我的作家旅程後，每當我需要支持、鼓勵或建議時，妳一直都在我身邊。妳幫我爭取了一個位置，讓我有機會可以發行另一本書——而且也沒有給我在不可能時間內完成的壓力，妳只是單純告訴我要相信自己的直覺。為此，我十分感激妳讓我能做自己。

另外，我想特別提到我才華橫溢的朋友，瑜伽老師愛斯菈（Isla），她幫助我找到了這本書的方向，並且在我寫作過程中成為我靈感和資訊的來源。還有來自索利哈爾身心健康診所（Solihull Well Being Clinic）的包比．蘇拉（Bobby Sura）博士，感謝他在我寫這本書時所提供的寶貴專業知識、指導和反饋。

最後，我真誠感謝所有在社交媒體內和外的朋友們，有你們的支持才能給予我更多的靈感，讓我能夠分享我的觀點。其中許多人買了第一本書後一直期待我再寫下一本，這本書是因你們而完成，希望能獻給大家。

大樹林出版社好書推薦

沒有好條件，也能夢想成真

百萬人氣的人生導師，教你善用好頻率、
調整思維、擺脫低潮，就能扭轉人生！

★英國《星期日泰晤士報》暢銷榜 NO.1
★Amazon 破兩萬人評價，五星歷久不墜！
就算你天生或物質的條件再差，也沒關係！
只要你改變回應困境的方式，學習應對負能量的人，
就能為自己創造出美好的頻率，
開始吸引生命中你所渴望的一切！

作者：維克斯．金(Vex King)
定價：350元

國家圖書館出版品預行編目(CIP)資料

內在療癒原力：13個自我療癒創傷的技巧,擺脫情緒動盪,實現內心自由/維克斯.金(Vex King)著；鍾莉方譯. -- 初版. -- 新北市：大樹林出版社, 2022.08
面； 公分. -- (心裡話；13)
譯自：Healing is the new high : a guide to overcoming emotional turmoil and finding freedom
ISBN 978-626-96012-8-8(平裝)
1.CST: 心理治療法 2.CST: 心靈療法 3.CST: 身心關係
4.CST: 自我實現

178.8 111009190

系 列／心裡話 13

內在療癒原力

：13 個自我療癒創傷的技巧，擺脫情緒動盪，實現內心自由

作 者／維克斯・金 (Vex King)
翻 譯／鍾莉方
總 編 輯／彭文富
編 輯／王偉婷
校 對／12 舟
內頁插畫／彭思敏 Migo
排 版／菩薩蠻數位文化有限公司
封面設計／比比司設計工作室
出 版 者／大樹林出版社
營業地址／235 新北市中和區中山路二段 530 號 6 樓之 1
通訊地址／235 新北市中和區中正路 872 號 6 樓之 2
電 話／(02) 2222-7270 傳真／(02) 2222-1270
網 站／www.gwclass.com
E－mail／notime.chung@msa.hinet.net
FB 粉絲團／www.facebook.com/bigtreebook
總 經 銷／知遠文化事業有限公司
地 址／222 深坑區北深路三段 155 巷 25 號 5 樓
電 話／(02)2664-8800 傳真／(02) 26648801
初 版／2022 年 8 月

大樹林YouTube頻道 大樹林芳療諮詢站

定價／380 元・港幣：127 元 ISBN／978-626-96012-8-8